ESSAI

SUR LES

GRAVURES CHIMIQUES

EN RELIEF

Paris. — Imprimerie Viéville et Capiomont, rue des Poitevins, 6.

ESSAI

SUR LES

GRAVURES CHIMIQUES

EN RELIEF

PAR

MOTTEROZ

OUVRIER IMPRIMEUR TYPOGRAPHE

PARIS

GAUTHIER-VILLARS, IMPRIMEUR-LIBRAIRE

DU BUREAU DES LONGITUDES, DE L'ÉCOLE POLYTECHNIQUE

SUCCESSEUR DE MALLET-BACHELIER

55, QUAI DES AUGUSTINS, 55

1871

AVANT-PROPOS

L'imprimerie française vient d'être placée sous le régime du droit commun.

Cette transformation donnera-t-elle à notre industrie la prospérité que le monopole n'a pu lui procurer?

On répond oui et non, suivant que l'on examine la situation des imprimeurs dans telle ou telle des contrées qui possèdent déjà la liberté de l'imprimerie.

En Italie et en Espagne, le droit commun a été nuisible, et le contraire a eu lieu en Angleterre, en Allemagne et aux États-Unis.

Le même régime produisant des effets aussi opposés, on peut en conclure que la liberté et le monopole n'ont de valeur que par l'usage qu'on en fait; et que, si l'imprimerie française a été peu florissante jusqu'ici, elle pourrait bien ne pas l'être davantage après l'abolition des brevets.

Cette inquiétante perspective, entrevue par la grande majorité des typographes, devrait nous engager à rechercher pourquoi l'imprimerie est prospère dans certains pays et pourquoi elle ne l'est pas dans d'autres.

Ces différences résultent de plusieurs causes qui, toutes, sont dans la main des imprimeurs eux-mêmes, et dont la plus importante est le genre de concurrence prédominant ici où là.

Il y a deux espèces de concurrence : l'une est une source de prospérité, l'autre ne produit que des ruines.

C'est cette dernière qui est plus particulièrement développée en Italie, en Espagne et en France.

M. B a un travail quelconque à imprimer qui peut lui donner un bénéfice raisonnable; M. C, au risque de ne rien gagner, offre de l'exécuter à meilleur marché : M. B pert son travail s'il ne souscrit pas à cette diminution de prix.

Quel que soit le concurrent qui l'emporte, tous les imprimeurs voisins sont peu à peu forcés de réduire leur prix dans les mêmes proportions.

La concurrence ainsi comprise est mortelle;

elle déplace le travail, elle n'en crée pas, car la réduction de prix qui ruine l'imprimeur n'est pas assez importante pour engager le client à augmenter le nombre de ses impressions.

En Angleterre, en Allemagne et aux États-Unis, cette concurrence existe bien aussi, mais elle n'est pas dominante.

Dans ces trois pays, le rêve des imprimeurs est d'avoir une spécialité nouvelle, et tous ceux qui ont de l'imagination s'efforcent de trouver des motifs à impressions qui n'ont pas encore été exploités.

Les chercheurs heureux sont nombreux, et ceux-là, qu'ils le veuillent ou non, contribuent plus encore à la fortune de leurs confrères qu'à la leur propre. Aussitôt qu'un nouveau genre d'impression est accepté sur un point, il ne tarde pas à se répandre de proche en proche, et les imprimeurs de tout le pays finissent par en profiter.

Avec cette concurrence, le travail du plus fort ou du plus adroit, bien loin de ruiner ses voisins, est pour eux une cause de prospérité.

S'il était possible de développer cette émulation, trop peu répandue en France, on pourrait voir sans beaucoup de crainte la fin du monopole; et dans le cas où on le rétablirait, il serait possible d'en tirer un meilleur parti.

C'est cette pensée qui m'a fait donner au journal L'IMPRIMERIE une série d'articles sur les gravures chimiques qui sont presque inconnues, et qui pourraient servir de base à tant de combinaisons nouvelles.

Ces articles, auxquels j'ai fait subir quelques corrections en y ajoutant de nouveaux renseignements, forment la présente brochure.

Il faudrait un traité complet sur ce sujet; mais les quelques personnes qui pourraient l'écrire en connaissance de cause ne paraissent guère disposées à vulgariser ces opérations encore un peu mystérieuses.

Les inventeurs ont bien publié quelques détails sur leurs procédés; malheureusement ces renseignements sont épars dans différentes publications peu connues ou peu répandues, et ceux mêmes qui ont décrit le plus longuement leurs méthodes se sont réservé des tours de main qu'ils ne donneront peut-être jamais et qu'il faudra réinventer.

Ces réticences ne doivent pas arrêter les chercheurs : lorsqu'on possède la marche générale d'un procédé, il est presque toujours possible d'en trouver les détails.

Au moment où certains brevets importants viennent de tomber dans le domaine public et où d'autres sont sur le point d'expirer, j'ai pensé que ce serait peut-être un moyen de provoquer de nombreux essais des nouvelles gravures que de présenter aux intéressés une analyse méthodique de tout ce qui paraît pratique dans les descriptions qui en ont été données.

J'ai été d'autant plus encouragé à publier ce travail, qu'il m'a été possible d'y faire entrer un grand nombre de renseignements inédits qui m'ont été fournis par quelques-uns des trop rares artistes qui s'occupent de ces questions : je leur dois des remercîments pour tout ce que le lecteur pourra trouver d'utile dans cette première étude sur les gravures chimiques en relief.

ESSAI

SUR LES

GRAVURES CHIMIQUES

EN RELIEF

CHAPITRE PREMIER

UNE DES CONDITIONS DE L'IMPRIMERIE MODERNE.

Depuis le commencement du siècle, toutes les industries ont été forcées de changer de but et de moyens.

Avant cette époque, les rares industriels qui avaient le droit de fabriquer et de vendre pouvaient faire fortune avec un petit nombre d'acheteurs. Maintenant que tout le monde peut avoir atelier et boutique, les industriels ont besoin, pour exister, d'une clientèle infiniment plus nombreuse.

Ces nouveaux débouchés ne peuvent être fournis par les classes riches qui étaient déjà tributaires de l'industrie : on ne les trouve en nombre suffisant que parmi le peuple.

A part quelques rares exceptions, tout industriel qui ne tient pas compte de ce fait court à sa ruine.

Il faut s'adresser aux petites bourses, et le moyen de les faire ouvrir, c'est de leur présenter des objets d'utilité ou d'agrément général à des prix extrêmement modérés.

Les plus grandes fortunes industrielles sont le produit de

la fabrication des couteaux à deux sous la pièce, des plumes à cinquante centimes la grosse et d'autres articles de même valeur.

L'imprimerie est entrée dans cette voie par les journaux et les livraisons à un sou, et déjà quelques éditeurs y trouvent des bénéfices importants ; mais le plus grand nombre des imprimeurs se bornent à faire des livres comme par le passé, et le peuple n'achète pas de livres : de là l'état de marasme de notre métier, comparativement aux développements des autres industries.

Pour que l'imprimerie devienne plus prospère, il lui faut de nouveaux clients, et, pour les avoir, il faut de toute nécessité qu'elle produise à bon marché des objets qui plaisent à la masse.

Quelles sont donc les impressions qui plaisent à tout le monde, et comment les obtenir à bon marché ?

§ I. — LES IMPRESSIONS POUR TOUS.

Pour connaître les impressions qui plaisent au grand public, il suffit de consulter les succès de librairie. On est immédiatement frappé par la présence des gravures dans toutes les publications qui se sont vendues à des nombres importants.

Tel volume qui, en texte plein, restait en magasin, s'enlève à trente, quarante et cent mille exemplaires, aussitôt qu'il est édité avec des gravures.

Tel ouvrage d'un romancier à la mode, qui a été tiré à trois mille en in-18 plein, a été vendu à plus de cent mille exemplaires après avoir été illustré.

Et ce ne sont pas seulement les romans, ce sont tous les genres d'impressions qui s'écoulent en raison des illustrations qu'ils contiennent.

Les ouvrages historiques et scientifiques, que le peuple n'achète jamais en volumes de bibliothèque, font cependant la fortune de quelques éditeurs de Paris et de Londres, qui mettent ces ouvrages sérieux en livraisons couvertes de gravures.

Ce goût du public peut paraître absurde, mais, comme il existe, il faut en tenir compte ; et si l'on examine un peu le passé au point de vue des arts graphiques, on s'aperçoit bien vite que la gravure, l'image, est un besoin instinctif de la nature humaine.

L'écriture, chez tous les peuples, a commencé par être figurative. Les grottes naturelles et les habitations lacustres nous fournissent de curieux spécimens des arts graphiques à leur naissance. Sur des poteries, et principalement sur des fragments d'os, on trouve la trace des préoccupations des premiers hommes, qui nous ont laissé ainsi la silhouette assez exacte des animaux qu'ils avaient à combattre et des armes qu'ils employaient.

Au début des civilisations, l'écriture figurative est encore longtemps employée. Les premières inscriptions indiennes et égyptiennes représentent les objets mêmes dont on a voulu conserver le souvenir. A la découverte de l'Amérique, la plupart des peuples de ce continent ne connaissaient pas d'autres moyens de représenter leurs idées. Il en était de même en Océanie lorsque Cook visita ces populations encore primitives.

L'écriture phonétique, au moyen de lettres, ne peut se produire qu'après une longue période de civilisation, pendant laquelle la science parvient à analyser les sons et à les classer méthodiquement.

L'écriture figurative est instinctive : les enfants et les hommes les plus illettrés l'emploient plus ou moins.

Les instincts ne changent jamais : on les retrouve à toutes

les époques et sous toutes les latitudes : le sauvage fixe par un trait le contour des rares objets qui l'occupent, et l'homme civilisé invente sans cesse de nouveaux moyens de représenter et de multiplier les formes de tout ce qui sert de mobile à son activité.

La sculpture et le dessin, qui ne demandent que peu de chose à l'outillage et qui sont le produit presque exclusif de l'artiste, ont, dès l'origine des sociétés, donné lieu à des industries importantes.

La peinture, et plus spécialement la gravure, ayant besoin de produits manufacturés, n'ont pu avoir d'applications générales que proportionnellement aux développements des sciences.

Il est probable que si l'invention de la typographie est relativement moderne, cela ne tient qu'à l'absence du papier qui est son élément le plus indispensable, et qui n'est guère devenu d'un usage général qu'au temps de Gutemberg.

Dès l'antiquité la plus reculée, on a su graver les pierres et les métaux pour en faire des inscriptions, des cachets, des sceaux, dont on prenait les empreintes.

Un passage de Plutarque, cité par M. Didot et par tous les auteurs qui se sont occupés des origines typographiques, fait supposer que certains procédés d'impression étaient connus et employés, chez les Grecs, par les classes gouvernementales, depuis une époque très reculée.

Agésilas, nous dit Plutarque, voyant ses soldats découragés, écrivit secrètement dans le creux de sa main, *et à rebours*, le mot VICTOIRE ; puis, prenant du devin le foie de la victime, il y appliqua sa main inscrite en dessous, et, la tenant appuyée le temps nécessaire, il parut plongé dans ses méditations et inquiétudes jusqu'à ce que les traits des lettres *eussent pris* et *fussent typographiés* sur le foie. Alors, le montrant à ceux qui allaient livrer bataille, il leur dit que, par cette inscription, les dieux leur présageaient la victoire, qu'ils remportèrent en effet.

Agésilas ne pouvait avoir trouvé instantanément cette combinaison, et il n'aurait certainement pas pu écrire à rebours, sans des études préalables, le mot *Victoire*. Le moyen qu'il a employé devait faire partie des nombreux mystères théocratiques de ces époques, où toutes les sciences étaient renfermées dans les temples.

Plus tard, on trouve un passage de Pline, cité aussi par M. Didot dans son article *Typographie* de l'*Encyclopédie moderne*, qui ne peut s'expliquer autrement que par des impressions semblables, en principe, à celles que nous faisons :

Que la passion des portraits ait existé jadis, cela est prouvé, et par Atticus, l'ami de Cicéron, qui a publié un ouvrage sur cette matière, et par Marcus Varron, qui eut la très-libérale idée d'insérer dans ses livres nombreux, non-seulement les noms, mais, à l'aide d'*un certain moyen*, les images de sept cents personnages illustres.

Pour expliquer le moyen de Varron, M. Didot fait justement remarquer que depuis les temps les plus reculés les Chinois ont gravé des portraits et des *fac-simile* d'écriture, qu'ils imprimaient par pression, et qu'il n'y a rien d'extraordinaire à ce que les Romains aient eu connaissance des procédés chinois.

Depuis Varron jusqu'à l'année 1400, où l'on fabriqua des cartes à jouer avec des bois gravés, on ne trouve plus de trace de gravure servant à l'impression.

Cependant, il n'est pas probable, il est même impossible qu'on n'ait pas continué à se servir des anciens procédés et à les perfectionner. Du reste, on trouve la mention d'un graveur sur bois, dès le douzième siècle, dans un obituaire des Franciscains à Nordlingen; et la première gravure sur bois que l'on connaisse accompagnée de texte et qui a la date plus ou moins authentique de 1423, bien que très grossière, indique une connaissance sérieuse des procédés de gravure. Les progrès étaient lents à ces époques barbares, et il a fallu des siècles de préparation pour en arriver à produire les plus anciennes gravures que nous connaissons.

Lorsque la xylographie eut donné naissance à la typopraphie, la gravure en relief prit immédiatement un très-grand essor. A côté des illustres typographes qui ont ressuscité les œuvres littéraires de l'antiquité, il y eut les hommes pratiques, les marchands, qui, à défaut de gloire, gagnèrent de l'argent à faire des livres pour les ignorants qui lisaient mal ou qui ne lisaient pas. Certaines Bibles de la première époque de l'imprimerie sont remplies de gravures : c'est l'Histoire sainte en tableaux. Quelques livres de littérature ancienne ont aussi été illustrés à cette époque et sont encore des chefs-d'œuvre du genre.

L'impression défectueuse de ces gravures leur enlève une grande partie de leur mérite; aussi la taille-douce, qui se perfectionna rapidement à cette époque, fut-elle bientôt préférée par les artistes.

Après avoir eu une période de grande faveur, la gravure sur bois a presque disparu jusqu'au commencement de ce siècle, bien qu'elle ait toujours été pratiquée par des hommes habiles, comme Papillon, qui l'ont continuellement améliorée.

Mais, quels que soient les procédés qui produisent les gravures, on les retrouve toujours dans les impressions destinées à la masse du public.

Et ce ne sont pas seulement les ignorants qui sont séduits par les images : les gens instruits qui ont à choisir entre un livre orné et un autre qui ne l'est pas se décideront toujours pour le plus attrayant : tous les hommes désirent avoir l'agréable à côté de l'utile.

§ II. — LA GRAVURE A EMPLOYER.

La taille-douce est, de tous les procédés d'impression, celui qui donne les plus beaux résultats, et cependant on l'abandonne. Les produits de cette industrie ne répondent pas aux conditions économiques de notre époque; ils exigent trop de temps et coûtent trop cher. La taille-douce artistique ne vit plus que par l'appui des gouvernements.

La lithographie, plus expéditive et moins coûteuse, produit des travaux presque aussi beaux que ceux de la taille-douce, mais qui ne répondent pas encore aux besoins de la librairie, et qui ne sont même pas toujours suffisants pour les ouvrages de ville.

Ce n'est pas seulement de l'image qu'on a besoin dans le plus grand nombre de cas, c'est surtout du texte : le texte est un poisson dont la gravure est la sauce.

La typographie donne déjà plus rapidement, et à meilleur marché que la taille-douce et que la lithographie, les gravures et les textes réunis.

Mais ce qu'elle fait n'est pas suffisant sous tous les rapports : on ne trouve pas partout des graveurs, et la gravure sur bois exige trop de temps, coûte trop cher et n'est pas assez artistique dans le plus grand nombre de cas.

Il faut un dessinateur et un graveur, et si l'un des deux n'est pas un véritable artiste, le travail commun reste sans mérite. Que le dessinateur soit négligent ou incapable, le graveur peut corriger les défauts, s'il a du goût et s'il est lui-même excellent dessinateur; mais, de même qu'il peut améliorer, il peut aussi dénaturer : il traduit et quelquefois il trahit, pour employer une expression proverbiale.

2

La gravure sur bois, qui a produit des œuvres admirables, quelquefois aussi belles que celles de la taille-douce, sera probablement toujours nécessaire pour beaucoup de travaux destinés à devenir de plus en plus nombreux; mais les publications périodiques à bon marché et un grand nombre d'ouvrages de ville exigent des moyens plus prompts, plus économiques et plus à la portée de tous les imprimeurs.

Dans les grandes capitales on a les artistes sous la main, on peut les consulter et les employer quand on veut. Tout autre est la situation des imprimeurs de province, qui n'ont qu'un petit cercle de clients, et qui sont privés des puissants moyens artistiques dont leurs confrères des grands centres pourraient si facilement disposer.

Il est bien rare qu'un besoin général ne fasse pas naître une foule d'inventions : c'est ce qui s'est produit pour la gravure.

De nombreux chercheurs sont arrivés à graver en relief par des moyens chimiques, qui font presque instantanément le travail du graveur en respectant celui du dessinateur. Quelques-uns de ces inventeurs ont même de bonnes raisons pour espérer reproduire directement la nature.

Cependant ces tentatives n'ont pas donné tous les résultats qu'on était en droit d'en attendre, et cela pour plusieurs raisons.

La solution du problème des gravures chimiques, très-simple en théorie, devient extrêmement difficile dans l'exécution.

L'écueil de tous les procédés se trouve dans la nécessité du creux exigé pour l'impression typographique.

Quand un inventeur apporte un spécimen, on lui répond immédiatement : c'est très joli, mais ça manque de creux. Le malheureux, qui a épuisé toutes les ressources de son procédé pour obtenir le plus de profondeur possible, s'en va désespéré. Presque toujours, cependant, les gravures chimiques, au moins dans leurs premiers spécimens, ont un creux plus considérable que celui des nouvelles gravures sur bois.

Depuis que Gustave Doré est à la mode, les graveurs, pour la plupart, ne font plus qu'égratigner le bois. Tous les jours on imprime, sans s'en préoccuper, des clichés de gravures dont on ne croirait seulement pas pouvoir faire une mauvaise épreuve si on les présentait comme le résultat d'une gravure chimique.

Les difficultés factices, plus encore que les difficultés réelles, ont arrêté le développement de ce nouveau genre de gravure, et c'est ce qui explique que tel inventeur, qui a pris un brevet après avoir obtenu quelques gravures à peu près satisfaisantes, ne soit pas encore arrivé, quinze ans après, à se faire accepter par le commerce.

Les chercheurs les plus heureux et les plus adroits ont presque tous dépensé des sommes considérables avant de rendre leurs procédés industriels. Ceux-ci, depuis vingt ans, ont réussi à faire prendre aux gravures chimiques une grande place dans l'imprimerie moderne; mais ces inventions, comme toutes les inventions humaines, ont besoin d'être perfectionnées, non-seulement par leurs inventeurs, mais encore par tous les intéressés.

L'inventeur a de si grands efforts à faire pour les débuts de ses créations, qu'il est presque impossible qu'il n'éprouve pas le besoin de se reposer lorsqu'à force d'habitude, de volonté et d'adresse il peut satisfaire sa clientèle. C'est à ceux qui viennent après lui, et qui profitent de ses travaux, qu'il appartient de les simplifier et de les rendre complétement pratiques.

Les gravures chimiques, pour la plupart, en sont encore

un peu là : elles ont besoin que de nouvelles intelligences soient mises en présence de leurs difficultés d'exécution pour qu'on trouve des méthodes moins dépendantes de l'habileté de l'ouvrier et des tours de main, qui ne s'acquièrent que par une longue expérience.

Les personnes qui ont intérêt à essayer ces gravures économiques sont nombreuses, mais bien peu les connaissent ; et cela est regrettable, car il est probable que les imprimeurs qui essayeraient avec persistance ne tarderaient pas à obtenir des résultats qui donneraient à leurs affaires un puissant élément d'activité, que très-peu d'entre eux possèdent. Ils réussiront d'autant plus facilement, qu'ils mettront en relief pour eux-mêmes ; ce qui les rendra moins exigeants sur la quantité de creux et sur la perfection des détails.

Ceux qui ne voudraient ou qui ne pourraient pas faire leurs gravures ont encore intérêt à savoir quels sont les procédés existants et quels sont ceux qui peuvent leur être utiles.

CHAPITRE II

DÉBUTS DES GRAVURES CHIMIQUES.

Les livres d'alchimie du moyen âge contiennent presque tous des indications de gravures par les acides.

Le Parmesan, qui s'occupa beaucoup du *grand art* et à qui l'on attribue l'invention de la gravure en creux à l'eau-forte, a fait des camaïeux dont les rentrées étaient obtenues par les acides.

Un siècle plus tard, François Perrier, peintre français, se servit, pour reproduire ses tableaux, du moyen employé par le Parmesan et passa pour l'avoir inventé.

La première description sérieuse de procédés de gravures en relief par les acides se trouve dans un mémoire signalé par M. Laboulaye, qui fut présenté à l'Académie des sciences, le 7 avril 1728, par Du Fay, un de ses membres.

Il était de mode, alors, d'avoir des coffrets, des tables et d'autres meubles en marbre ou en pierres quelconques gravés en relief. Du Fay crut reconnaître que ces objets, que l'on faisait payer très-cher, n'étaient pas gravés au burin, mais qu'ils étaient obtenus par le moyen plus prompt et plus économique de la morsure par les acides. Il fit des essais, qui durent être très-nombreux et dont son mémoire contient les résultats. Les passages suivants montrent que Du Fay avait essayé d'appliquer cette gravure à la typographie :

Il faut tracer sur le marbre, avec un crayon, le dessin que l'on veut mettre en relief, et couvrir délicatement, avec un pinceau, du vernis suivant, les endroits qu'on veut épargner. Ce vernis n'est autre chose que de la gomme laque dissoute dans l'esprit de vin et mêlée avec du noir de fumée ou du vermillon, pour reconnaître plus facilement les endroits où on en a mis. Pour rendre l'opération plus simple, il n'y a qu'à pulvériser un morceau de cire d'Espagne dans une quantité suffisante d'esprit de vin ; ce vernis sera sec en moins de deux heures.

De tous les dissolvants que j'ai essayés, celui qui m'a paru le meilleur est un mélange de parties égales d'esprit de sel et de vinaigre distillé ; il ne diminue en rien l'éclat du marbre et le dissout très-également.

Le vernis étant bien sec, on versera de cette liqueur sur le marbre ; lorsqu'elle y aura demeuré quelque temps et qu'elle aura entièrement cessé de fermenter, on pourra y en remettre de nouvelle et la laisser agir jusqu'à ce que le fond soit suffisamment creusé. S'il y a dans le dessin des traits délicats, comme des refends de feuillages ou d'autres de la même espèce, on ne les tracera pas d'abord sur le vernis; mais, lorsque le fond sera creusé à peu près de moitié de ce qu'il doit l'être, on ôtera le dissolvant, on lavera bien le marbre, et, avec la pointe d'une aiguille, on enlèvera le vernis à l'endroit de ces traits délicats; on remettra ensuite de nouveau dissolvant et on le laissera autant qu'on le jugera à propos : cette précaution est nécessaire parce que, lorsque l'acide a agi dans les endroits découverts, il ronge par dessous le vernis et élargit les traits (tailles) à mesure qu'il les approfondit. Cet inconvénient demande aussi qu'on fasse les parties qui doivent être épargnées un peu plus fortes, afin que cette action latérale de l'acide les mette au point où elles doivent être. Au reste, cette opération ne demande ni beaucoup de soin ni beaucoup d'expérience, et les ouvriers les moins intelligents pourront facilement en venir à bout.

J'ajouterai en passant que l'ivoire se peut travailler de la même manière, en se servant du même vernis, mais il agit plus lentement et il faut en remettre de nouveau de temps en temps.

Dans cette première description, on trouve la cause principale des innombrables insuccès de toutes les inventions de gravures chimiques qui ont paru dans ces dernières années. Les acides ne rongent pas seulement dans le fond des tailles, ils attaquent aussi, et peut-être avec plus de vigueur, les côtés qui forment la gravure : les traits larges sont diminués et les traits fins sont emportés aussitôt que l'on veut creuser un peu profondément.

Pour surveiller et combattre cette action latérale des acides, il faut beaucoup de soin et beaucoup d'adresse, et l'on ne comprend pas que Du Fay ait pu croire que les ouvriers les moins intelligents puissent facilement venir à bout de ce travail. Il est si peu facile que, malgré tous les progrès de la chimie moderne, ceux qui maintenant le réussissent bien dans le plus grand nombre de cas font encore exception.

Et ce qui prouve qu'il y a des difficultés considérables à obtenir des reliefs typographiques par les acides, c'est que, depuis Du Fay jusqu'à 1840, de nombreux inventeurs ont essayé différents procédés et qu'aucun d'eux n'a réussi à produire d'une façon courante.

En 1794, Senefelder trouva la lithographie en cherchant les moyens de mettre en relief les lettres et les dessins tracés sur pierre à l'encre grasse. Pendant les premiers temps de sa découverte, il imprimait avec une presse typographique les reliefs qu'il obtenait et qu'on évalue à l'épaisseur d'une ou deux cartes à jouer. Si Senefelder, à la place des presses en bois garnies de gros blanchets, avait employé les presses en fer et des étoffes de soie avec lesquelles on peut imprimer des reliefs presque insensibles, la lithographie n'aurait peut-être jamais été inventée. Elle doit son existence aux difficultés que Senefelder trouva à obtenir des reliefs assez considérables pour être imprimés par les anciennes presses en bois.

Le premier qui a livré des gravures de ce genre, acceptées par le commerce, fut Duplat qui se fit breveter en 1810. D'après cet inventeur, il vernissait la pierre calcaire comme les graveurs en taille-douce vernissent les planches de cuivre, et il employait leur vernis; puis, au lieu d'enlever à la pointe les traits du dessin, il faisait disparaître le vernis sur les parties qui devaient venir blanches à l'impression.

La morsure se faisait au moyen de l'acide nitrique, réduit à 2° de l'aréomètre de Baumé, et, lorsque les parties serrées du dessin étaient assez profondes, il lavait la pierre, la dévernissait à l'essence; puis, lorsqu'elle était sèche, il la recouvrait avec du vernis en liqueur des graveurs en taille-douce, et il recommençait à faire mordre jusqu'à ce que chaque partie fût arrivée à la profondeur désirée. L'échoppe achevait les grands blancs.

La gravure sur pierre terminée, Duplat prenait des clichés par les moyens alors en usage : il faisait une matrice en enfonçant la pierre au moyen d'un mouton dans du plomb fondu, au moment où il se *figeait*.

Duplat a peut-être obtenu ainsi quelques petits dessins très-simples, mais il lui aurait été impossible de faire concurrence à la gravure sur bois avec des procédés aussi compliqués. Les nombreuses gravures signées par Duplat ont dû être obtenues par des procédés beaucoup plus expéditifs et infiniment moins coûteux, et que l'inventeur n'a pas fait connaître. Il a dû employer les moyens de Senefelder qui lui auront réussi parce qu'il retouchait à l'échoppe, et parce qu'en 1810 on imprimait déjà beaucoup mieux qu'en 1790.

En 1823, M. Carré de Toul essaya le cuivre, et réussit à faire quelques gravures en reliefs.

A la même époque, M. Frère de Montizon se fit breveter pour l'impression lithographique à sec, ce qui n'était toujours qu'une nouvelle variante des procédés de Senefelder.

MM. Didot père et fils et Motte prirent, le 10 novembre 1827, un brevet pour un moyen élémentaire d'imprimer en même temps de la lithographie et de la typographie.

Ces messieurs proposaient d'introduire dans les formes typographiques des pierres lithographiques de la hauteur du caractère, et d'avoir à la presse un troisième ouvrier qui mouillerait les pierres avant que l'ouvrier imprimeur ne passât le rouleau sur la forme.

Et comme on ne peut pas obtenir à la presse à bras assez de foulage pour imprimer de larges surfaces plates, les inventeurs ajoutaient ceci, qui aurait pu être le point de départ de procédés plus pratiques :

« Pour les objets lithographiques, surtout pour ceux qui offrent une étendue un peu considérable, on emploie quelquefois les acides pour diminuer la résistance qu'oppose une trop grande surface plane à l'action de la platine des presses typographiques ou du cylindre des presses mécaniques.

« Ce moyen peut s'employer autant de fois qu'on le juge convenable, en surchargeant le dessin fait primitivement sur la pierre avec l'encre ou le crayon lithographique, par une encre-vernis résistant fortement à l'action de l'acide. Cette opération préservera les traits du dessin de l'action des acides, qui pourraient alors creuser plus profondément les parties qui doivent venir en clair.

« L'encre employée pour la lithographie, ou même l'encre typographique, suffit pour l'impression des objets qui ne demandent pas une grande perfection ; néanmoins, leurs proportions peuvent être modifiées selon la nature des dessins lithographiques et sont encore susceptibles de quelques améliorations. »

Il n'est guère probable que MM. Didot aient utilisé les moyens pour lesquels ils s'étaient fait breveter ; et cela est regrettable, car les difficultés qu'ils auraient rencontrées les eussent rapidement amenés à faire ce que l'on a appelé, quelques années plus tard, de la zincographie qui n'aurait pas tardé à se transformer en gillotage.

En 1831, M. Girardet reçut de la Société d encouragement un prix de deux mille francs pour des procédés que le rapporteur, M. Gauthier de Claubry, décrit ainsi dans le bulletin de décembre de la même année :

M. Girardet, ayant composé depuis longtemps un vernis qu'il avait reconnu susceptible de s'attacher fortement à la pierre et de ne pas se détacher par l'action de l'acide, il a pensé qu'il pourrait dessiner et écrire à la manière ordinaire sur la pierre, attaquer ensuite celle-ci par le moyen d'un acide et obtenir des traits assez en relief pour qu'il fût possible d'en tirer des épreuves à sec.

Les essais faits sous ce point de vue par M. Girardet ont complétement résolu le problème, et d'une manière si simple que rien ne peut plus arrêter dans l'exécution des cartes de géographie ou tout autre objet où des dessins et des caractères d'écriture et des chiffres deviennent nécessaires.

C'est à la confection d'un vernis facile à préparer et peu coûteux, qui s'applique avec une grande facilité sur le dessin lithographique et qui adhère tellement à la pierre, qu'il peut supporter l'action d'un acide assez fort pour la creuser profondément, sans qu'il s'en détache même les plus petits détails, que M. Girardet a dû le succès qu'il a obtenu.

Voici le procédé qu'il a suivi pour sa préparation. On fait fondre dans un vase neuf en terre, vernissé en dedans :

Cire vierge..............................	deux onces.
Poix noire...............................	demi-once.
Poix de Bourgogne.....................	demi-once.

On y ajoute peu à peu deux onces de poix grecque ou asphalte réduit en poudre.

On laisse cuire le tout jusqu'à ce que le mélange soit bien fait; on retire alors le vase du feu, on le laisse un peu refroidir, et on verse la matière dans l'eau tiède afin de la manier facilement; on en fait des petites boules que l'on dissout au fur et à mesure du besoin dans l'essence de lavande, en quantité suffisante pour obtenir un vernis du degré de consistance convenable.

Ce vernis s'applique avec la plus grande facilité sur la pierre, en se servant du rouleau à la manière ordinaire. Quand la quantité que l'on juge convenable a été fixée, on borde la pierre avec de la cire, comme pour une eau-forte, et on verse dessus de l'eau à la hauteur de quelques lignes, puis de l'acide nitrique, étendu d'eau en quantité suffisante pour que l'action ne soit pas trop vive; au bout de cinq minutes, la liqueur ayant été retirée et la pierre lavée, on la laisse sécher et on passe de nouveau le rouleau imprégné du même vernis, de manière à bien garnir les caractères ou les traits du dessin, et, après qu'elle a été bordée de nouveau, on l'acidule une seconde fois pendant trois ou quatre minutes.

Le procédé dont nous nous occupons occasionnera sans contredit une véritable révolution dans l'art de la typographie, et ce sera une époque remarquable pour cet art que sa découverte.

On ne voit pas, dans cette description, comment M. Girardet pouvait introduire des caractères typographiques sur les dessins déjà tracés, et c'était pourtant l'objet du prix. M. Laboulaye fait remarquer que le vernis n'est autre que celui qui a été indiqué en 1773 par Stapart, dans l'*Art de graver au pinceau,* et que l'auteur avoue avoir pris dans l'*Encyclopédie.*

La résurrection de ce vieux procédé, qui n'a jamais été utilisé, ne pouvait pas accomplir la révolution prédite par le rapporteur de la Société d'encouragement. MM. Gauthier de Claubry et Girardet ont été dupes d'une illusion qui depuis a trompé bien d'autres savants et un plus grand nombre d'artistes.

Combien de fois, dans ces trente dernières années, n'a-t-on pas vu des spécimens de nouvelles gravures en relief parfaitement réussis. Les savants et les amateurs étaient convaincus que la solution du problème était trouvée et qu'il n'y avait plus qu'à opérer industriellement. Là se trouvait toujours le même écueil : aussitôt que ces inventeurs travaillaient pour le public, ils échouaient neuf fois sur dix. L'un de ceux qui ont fait les plus belles choses s'est ruiné et a ruiné plusieurs associés sans pouvoir arriver à produire avec certitude le creux qu'on exigeait de lui.

Un graveur de Metz, M. Dembour, dont M. Wiésener a été l'élève, commença vers 1834 à faire des gravures sur cuivre pour l'industrie, et le maître et l'élève ont continué à faire de beaux travaux par leur méthode.

M. Tissier, vers 1840, mit les pierres en relief par des procédés que M. Laboulaye décrit ainsi dans le *Dictionnaire des Arts et Manufactures,* où l'on trouve un beau spécimen de ce que l'on a appelé la *tissiérographie* :

Nous croyons savoir que M. Tissier dessine sur la surface polie de la pierre à la manière accoutumée, puis qu'il encre avec un vernis très-adhérent (probablement celui de Girardet ou un équivalent), et qu'ensuite il fait mordre la pierre pendant un temps plus ou moins prolongé, suivant la nature du dessin, avec une préparation qui est, dit-on, composée d'acide pyroligneux rectifié, d'acide hydrochlorique et d'alcool, en proportions définies ; il lave la pierre et la fait sécher.

Lorsque la pierre est parfaitement sèche, il applique sur le dessin une deuxième couche d'un vernis liquide, qu'il étend sur les deux côtés des traits en relief, par des procédés particuliers : les uns assurent qu'il étend d'abord le vernis avec un rouleau de gélatine et qu'il le fait fondre ensuite sur les côtés des traits par l'action d'un fer à repasser chaud, qu'il promène sur toute la surface de la pierre ; les autres prétendent, non sans raison, qu'il emploie des femmes, dont le travail consiste à étendre le vernis avec un pinceau.

Malgré l'autorité de M. Laboulaye, je crois plutôt à l'efficacité du premier moyen que du second. Quel que soit le soin que l'on apporte à couvrir avec le pinceau, on fait trop ou trop peu, tandis que la chaleur agit dans les plus petits détails comme dans les plus grands, et cela, juste au point nécessaire, lorsque l'expérience a appris quel est le degré de température qui convient au vernis que l'on emploie.

MM. Knecht et Jules Desportes, dans le *Manuel de lithographie,* de la collection Roret, contestent formellement à M. Tissot le mérite d'avoir inventé la tissiérographie. Selon ces messieurs, Tissier n'a fait qu'employer les moyens indiqués par Senefelder. Ces deux éminents lithographes peuvent juger en connaissance de cause ; cependant je crois qu'ils ont été un peu sévères pour Tissot, qui a sensiblement modifié les procédés de mise en relief de l'inventeur de la lithographie.

Bien que M. Tissier ait un peu livré au commerce, il n'est guère possible de le mettre au nombre de ceux qui ont produit industriellement.

Ce n'est qu'après lui que la gravure chimique a commencé à jouer un rôle important dans la typographie.

CHAPITRE III

GRAVURES CHIMIQUES INDUSTRIELLES.

§ I. — M. GILLOT.

Le premier qui livra couramment des gravures chimiques fut M. Gillot, qui prit un brevet le 21 mars 1850, et un brevet d'addition le 15 mars 1851, pour des procédés qu'il nomma *paniconographiques*, et que le public ne veut connaître que sous le nom de l'inventeur. Lorsqu'on fait de la paniconographie, on dit : je gillote ou je fais du gillotage.

Chacun des inventeurs précédents avait pris le problème où l'avaient laissé ses devanciers et lui avait fait faire un pas en avant. Tissier avait été beaucoup plus loin que Girardet; M. Gillot dépassa considérablement Tissier. Au fond, le procédé était toujours le même; chaque nouveau venu ne faisait que perfectionner les moyens d'exécution.

A la pierre coûteuse et fragile, M. Gillot substitua le zinc déjà employé en lithographie, et qui se prête beaucoup mieux aux manipulations chimiques.

Il a décrit ses procédés dans une notice présentée au jury de l'Exposition de 1867. Les parties en petit texte qui vont suivre sont tirées de cette notice. Je les fais précéder et suivre de renseignements qui ne se trouvent pas ou qui sont incomplets dans les descriptions de l'inventeur.

M. Gillot emploie très-probablement d'autres moyens,

mais ceux-ci m'ont réussi dans des essais que j'ai faits lors de la prise de son brevet.

On se procure du papier autographique. Les typographes qui n'auraient pas de lithographie près d'eux pourront employer du papier de chine encollé avec une légère couche de colle de pâte ou d'amidon, puis séché lentement et satiné ou laminé avec les plus grands soins de propreté. On fait du papier autographique de bien des façons; l'une d'elles recommandée et récompensée par la Société d'encouragement est la suivante : mettre sur des feuilles de papier une ou deux couches de gélatine en dissolution, assez claires pour qu'il soit possible de les étendre facilement en couches minces, bien égales, qui ne puissent pas couler en étendant les feuilles sur des cordes. Lorsque la ou les couches sont sèches, on en met une nouvelle, composée d'empois froid, fait de la veille. Après séchage, on ajoute une dernière couche de gomme-gutte dissoute dans de l'eau. Lorsque le tout est sec, on lamine les feuilles, en ayant bien soin qu'elles ne touchent aucun corps gras.

Plus simplement on fait de l'empois, dans lequel on ajoute une petite décoction de graine d'Avignon et un peu de gomme arabique et d'alun, dissous séparément. Ce mélange s'applique à chaud au moyen d'un pinceau, et lorsque la couche est sèche, on passe les feuilles sous un cylindre ou une roulette pour les lisser, et on frotte l'endroit avec de la sandaraque.

Sur ces papiers on écrit avec de l'encre autographique ou l'on fait une épreuve en taille-douce, en lithographie ou en typographie. Les encres ordinaires peuvent servir, mais il y a avantage à y mélanger différentes substances préservatrices : du suif de mouton, de la cire vierge fondue dans l'huile d'olive, de la poix de Bourgogne, de la résine et tout ce qui est inattaquable par les acides.

L'épreuve obtenue, aussi nette que possible, on place le côté du dessin sur une plaque de zinc qui a été parfaitement polie avec de l'eau et du charbon ou tout autre corps ne contenant aucune graisse.

Le zinc ne doit pas être mou, et il est préférable de le prendre chez les planeurs qui sont habitués à le choisir et à le préparer. Ces industriels livrent le zinc coupé selon les dimensions dont on a besoin.

Avant de commencer le transport, on donne à la plaque de l'affinité pour absorber les corps gras, en la lavant avec une dissolution de soude ou de potasse; puis on fait sécher aussi rapidement que possible. Les plaques oxydées ou humides ne prennent pas l'encre, il est toujours prudent de les présenter un peu au feu; cependant il ne faut pas qu'elles soient chaudes, les traits s'élargiraient.

L'épreuve placée sur le zinc, on la recouvre d'une feuille de papier mouillée avec une eau contenant un peu d'acide chlorhydrique et l'on met dessus une feuille sèche, puis l'on soumet le tout à trois ou quatre pressions du râteau de la presse lithographique. A défaut de presse, on peut employer une roulette en cuivre ou simplement en bois, que l'on fait mouvoir au moyen d'une poignée fixée par une fourche de chaque côté de la roulette sur un mandrin qui lui sert d'axe.

Si on décalquait une épreuve faite sur du papier non préparé, il ne faudrait passer qu'une seule pression; la deuxième ferait un doublage par l'allongement du papier qui ne serait pas collé à la plaque.

Les pressions trop fortes élargissent les traits.

Après quelques passages sous le râteau ou sous la roulette, on enlève les feuilles qui recouvrent l'épreuve, on les remouille avec l'eau acidulée, et on les replace pour donner de nouvelles pressions, soit au moyen du râteau, soit au moyen de la roulette.

Le papier autographique qui supporte l'épreuve étant bien fait, on peut alors, en le mouillant copieusement, l'enlever de dessus la plaque de zinc, où il a déposé toute l'encre dont il était chargé et, de plus, les couches des substances qui constituent le papier de transport. On lave à grand eau avec une éponge fine et très-doucement; puis on étend sur la surface une dissolution de gomme arabique, contenant quelques gouttes d'acide chlorhydrique, et on laisse sécher. Cette eau gommée et acidulée doit être essayée sur un morceau de zinc qu'elle ne doit pas attaquer visiblement. La gomme se combine avec le zinc, comme avec la pierre lithographique, et elle le rend antipathique aux corps gras. On peut faire sécher à la chaleur. Une personne me dit avoir employé, avec plus de succès, au lieu de gomme, la décoction de noix de galle, dont on se sert pour la zincographie.

La plaque doit rester dans cet état le plus longtemps possible; puis on la mouille pour enlever la couche de gomme et on encre avec un rouleau lithographique comme si l'on voulait tirer une épreuve. Je me servais de l'encre déjà employée pour le report. M. Gillot indique la composition suivante, qu'il nomme encre n° 1 : encre lithographique, cire blanche et une partie de colophane et de vernis lithographique, puis on opère comme l'indique l'inventeur :

On laisse sécher la plaque, et, au moyen d'un tampon, de préférence en ouate, on distribue, sur toute sa surface, de la colophane en poudre impalpable, qui, en adhérant aussitôt aux parties grasses, donne assez de résistance à l'encre pour protéger les parties qu'elle recouvre contre les attaques de l'acide. La poudre résineuse, qui a pu se loger dans le vide des lettres ou des lignes, est enlevée à l'aide d'un second tampon, les bords et les revers de la plaque sont recouverts de gomme laque.

Il est extrêmement important que la colophane soit en poudre extrêmement fine. Je la distribuais avec un sachet de mousseline et non pas avec un tampon de ouate.

La préparation de la planche est terminée. Elle peut être placée dans la cuve de gutta-percha où doit se faire le mordançage.

Cette cuve, de dimension relativement considérable et assez profonde, est posée en bascule et pivote sur deux coussinets adaptés au bâti qui la supporte. Elle doit être en mouvement continuel pendant la durée de l'opération, de manière que l'acide nitrique étendu d'eau qu'elle contient lave constamment la planche, et que le liquide emporte avec lui les sels qui se forment par la combinaison de l'acide avec le zinc.

En petit, on arrive au même résultat en faisant la morsure dans une cuvette en verre ou en porcelaine, que l'on agite continuellement.

Le degré du liquide doit être proportionné à la morsure qu'on veut obtenir et conserver toujours une force égale pendant toute la durée de l'opération. On essaye donc la puissance du bain chaque fois qu'on veut s'en servir, et, pour la maintenir au même degré, un flacon tubulaire, muni d'un robinet en verre, est placé plein d'acide nitrique au-dessus de la cuvette, dans laquelle il laisse tomber en gouttes plus ou moins pressées le mordant, de manière à remplacer l'acide au fur et à mesure que les sels de combinaison s'en emparent.

Je réussissais mieux lorsque j'employais d'abord un bain très-légèrement acidulé et que je ne faisais mordre avec un peu de vigueur qu'après avoir mis, par le moyen que j'indique plus loin, une forte couche d'encre et de colophane sur le dessin. Dans mon premier bain l'action de l'acide était à peine visible.

Je préférerais les acides mêlés, excepté pourtant l'acide sulfurique, qui m'a rarement réussi.

On commence d'abord par une morsure très-légère, qui attaque seulement les parties blanches qui existent dans les teintes les plus foncées.

Lorsqu'elles sont suffisamment mordues, pour que les plus noires soient parfaitement distinctes par leur relief, on retire la planche de la cuve, on l'essuie et on la place au-dessus d'un fourneau doucement chauffé; la légère couche de résine fond sous l'influence de cette douce chaleur, et se déverse dans toutes les petites cavités creusées par l'acide au milieu des teintes foncées.

Il ne s'agit pas, en effet, d'obtenir des reliefs suffisants pour l'impression typographique : il faut ménager les morsures, arrêter chacune d'elles à des degrés différents, indiqués par les teintes du dessin, et mettre, par conséquent, à l'abri des attaques de l'acide les parties suffisamment préparées après chaque mordançage. De là, une série d'opérations que l'habileté acquise par l'expérience permet seule de diriger d'une manière convenable, et qui exigent un savoir pratique que l'étude théorique de la méthode ne pourrait jamais donner.

La première morsure doit à peine être visible.

Aussitôt que la résine a formé en fondant un vernis protecteur, on retire la planche, qu'on refroidit à l'air libre. Distribuant alors avec soin et avec le rouleau lithographique l'encre n° 2, composée d'encre de report, de deux parties de corps gras ou résineux, et à laquelle on ajoute du vernis de lithographe, au point de la rendre assez liquide pour couler facilement autour des lettres ou traits de dessin, on encre fortement la plaque : les parties noires s'empâtent ; on recommence ensuite à la saupoudrer de fleur de résine et on la met ainsi en état de retourner dans la cuvette. Cette seconde opération, devant attaquer les teintes un peu moins foncées, doit être plus énergique. Le chauffage doit être aussi un peu plus élevé, de manière à étendre davantage la couche de résine en fusion et à protéger les cavités ménagées dans la première opération. On continue ainsi de la même manière une suite d'opérations qui peuvent aller de 6 à 9, jusqu'à ce que la fusion des résines et les encrages successifs, remplissant toutes les cavités laissées par les morsures précédentes et formant les demi-teintes du dessin, ne présentent plus qu'une masse noire uniforme, qu'on met dans un bain assez fortement acidulé pour creuser complétement toutes les parties blanches.

A peine la morsure était-elle indiquée que je la couvrais soit de l'encre de mon report, soit de l'encre n° 1 de M. Gillot, soit du vernis liquide des graveurs, soit de dissolutions de caoutchouc ; et pour cela j'employais un rouleau en métal parfaitement cylindrique, qui, ne plongeant pas, ne déposait mes encres ou mes vernis qu'à la surface des traits. Un rouleau lithographique très-dur devrait cependant remplir le même but. Malgré cette précaution, j'ai toujours dû employer un moyen plus efficace pour conserver les traits isolés : je les couvrais au pinceau d'une couche de gomme laque ou de caoutchouc.

Quand les blancs occupent sur le dessin une surface un peu large, on les recouvre de gomme laque liquide, avant la première opération, pour ne pas affaiblir inutilement le liquide et conserver un soutien au rouleau lorsqu'on encre la planche.

Cette recommandation est très-importante, et, dans le même but, il faut toujours conserver un cadre de zinc non attaqué autour de la gravure.

L'action de l'acide terminée, la planche est lavée avec le plus grand soin dans une lessive de potasse et de benzine, puis essuyée, séchée, découpée à la scie, qui enlève les blancs non mordus, et appliquée sur bois : le cliché typographique est alors prêt à aller sous la presse.

Je n'ai pu entrer ici dans le détail minutieux de chaque opération : il suffisait de l'expliquer d'une manière générale pour faire bien comprendre mon procédé et ma méthode.

En principe, elle est d'une simplicité élémentaire; mais si l'on songe seulement quelle attention il faut apporter à l'action du mordant, pour que toutes les lignes délicates, les teintes faibles, les parties fines, les demi-teintes, les nuances du dessin, soient complétement ménagées, fidèlement rendues, on verra que la gravure paniconographique, pour exclure le burin, n'exige pas moins une grande habileté et un sentiment artistique réel dans celui qui opère, qualités que la pratique développe du reste facilement et vite chez l'ouvrier un peu intelligent.

Ces procédés, avec les modifications que chaque opérateur croit devoir y apporter, donnent des résultats très-satisfaisants. Plusieurs personnes, à Paris, font du gillotage en grand, et M. Gillot livre des produits de plus en plus parfaits. La plupart des imperfections du gillotage tiennent le plus souvent à l'épreuve sur laquelle on opère. Si elle a des défauts, le zinc les reproduit servilement.

L'apprenti gilloteur ronge certains traits et graisse les autres pendant quelque temps, mais il acquiert rapidement la sûreté de coup d'œil et l'adresse de main nécessaires pour exécuter convenablement toutes ces opérations délicates.

Les procédés de M. Gillot ont déjà rendu de grands services à la typographie et ils lui en rendront de bien plus considérables lorsque, dans chaque imprimerie typographique, il y aura une lithographie, petite ou grande, et un ouvrier sachant faire du gillotage. Les dessinateurs ne manquent nulle part. Il leur faut peu d'apprentissage pour apprendre à dessiner sur pierre, et il ne leur en faut pas du tout pour travailler sur le papier autographique.

Que les imprimeurs essayent avec persévérance et ils pourront facilement et à bon marché ajouter à leurs impressions le charme de l'image.

§ II. — M. DULOS.

Au moment où M. Gillot commençait à faire de la paniconographie, un de nos graveurs les plus distingués, M. Dulos, perfectionnait une série de procédés qu'il a inventés pour obtenir en typographie des gravures presque aussi belles que celles de la taille-douce.

Les gravures chimiques par des reports et au moyen de couches d'encre préservatrices donnent d'excellents résultats, mais qui cependant laissent encore un peu à désirer sous le rapport de la pureté. Il est, sinon impossible, du moins très-difficile, d'obtenir des épreuves de report aussi nettes que le travail original; les traits sont ensuite plus ou moins élargis par les pressions nécessaires pour transporter l'encre sur le zinc; et les encrages successifs, combinés avec l'action des acides, finissent par produire des gravures qui manquent de cette fermeté qui est un des grands mérites de toute œuvre d'art.

M. Dulos a supprimé presque tous ces inconvénients, et il est arrivé à des résultats surprenants de fini et de pureté.

Dans un rapport à la Société d'encouragement, M. Albert Barre donne une description très-détaillée des méthodes de M. Dulos.

Ces procédés, dit-il, sont basés sur l'observation suivante des phénomènes capillaires : si, après avoir tracé, avec un vernis, des lignes sur une plaque d'argent ou de cuivre argenté, on verse du mercure sur cette plaque mise de niveau, il se forme, à droite et à gauche des lignes tracées, deux ménisques convexes, et le mercure s'élève en saillie au-dessus de la plaque. La même expérience peut se faire avec une feuille de verre dépolie, en y dessinant des figures avec un corps gras, et en jetant de l'eau sur la partie qui a reçu le dessin ; on peut dire d'ailleurs que tout liquide mouillant une surface sur laquelle on a tracé des traits avec un corps qui ne se laisse pas mouiller lui-même se comportera de la même manière que le mercure sur l'argent et l'eau sur le verre.

On prend donc une plaque de cuivre argenté sur laquelle on décalque, on transporte ou l'on trace un dessin quelconque ; nous supposons que c'est un dessin fait à l'encre lithographique. Le travail du dessinateur terminé, la plaque est recouverte, au moyen de la pile, d'une légère couche de fer dont le dépôt ne s'opère que sur les parties non touchées par l'encre ; cette encre étant enlevée avec de l'essence de térébenthine ou avec de la benzine, les blancs du dessin se trouvent représentés par la couche de fer et les traits par l'argent même. En cet état de la plaque, on versera, sur sa surface, du mercure, qui ne s'attachera que sur l'argent, et, après avoir chassé avec un pinceau doux le mercure en excès, on verra ce métal s'élever en relief là où se trouvait précédemment l'encre lithographique ; on peut alors prendre une empreinte dont les creux, offrant la contre-partie des saillies du mercure, figureront une sorte de gravure en taille-douce. Cette empreinte ne peut être moulée qu'au moyen du plâtre, de la cire fondue, etc., etc., corps trop peu résistants pour fournir une impression convenable ; mais en métallisant le moule et en y effectuant un dépôt galvanique de cuivre, on obtiendra la reproduction exacte des saillies primitivement formées par le mercure et, en quelque sorte, une matrice au moyen de laquelle on pourra reproduire à l'infini des planches propres à l'impression en taille-douce.

S'il s'agit d'exécuter une gravure typographique, la planche de cuivre, en sortant des mains du dessinateur, reçoit une couche d'argent qui ne se dépose que sur les parties non touchées par l'encre lithographique; on enlève cette encre avec de la benzine, on oxyde le cuivre recouvert primitivement par le dessin et on continue les opérations indiquées plus haut. La planche galvanique destinée à l'impression se trouve alors avoir pour saillies les traits mêmes du dessin, et pour creux les épaisseurs formées au début par le mercure.

Ces premières combinaisons ont conduit M. Dulos à des méthodes plus simples et plus complètes : c'est ainsi que le mercure peut être remplacé par un alliage fondant à une basse température, tel que le métal d'Arcet, auquel on ajoute une petite quantité de mercure. Le métal à clicher se comporte exactement comme le mercure dans les applications ci-dessus décrites, et, lorsque les saillies sont fixées par le refroidissement, un dépôt de cuivre effectué au moyen de la pile donne une planche de service pouvant facilement se remplacer, si on a conservé la planche mère. Observons toutefois qu'avec le métal d'Arcet on ne doit pas opérer à l'air libre; il est préférable de mettre la plaque sous une couche d'huile que l'on fait chauffer à une température de 80 degrés environ, température à laquelle l'alliage précipité entre en fusion. On évite ainsi l'oxydation, qui nuirait au succès de l'opération ; en outre, le métal se distribue avec plus de facilité sur la plaque et s'élève à une plus grande hauteur au-dessus de la surface de celle-ci.

Cependant la nécessité de chasser l'excès du mercure ou du métal fusible ne permettrait pas d'obtenir des finesses extrêmes si d'autres ressources ne se présentaient.

L'amalgame de cuivre remplace très-avantageusement le mercure et le métal fusible. Sur la plaque dessinée et traitée comme ci-dessus, on applique l'amalgame avec un rouleau de cuivre argenté qui retire l'amalgame restant en liberté sur le fer et le dépose au contraire sur l'argent. Une fois l'amalgame cristallisé, on prend une contre-empreinte en cuivre sous l'action de la pile.

Par tout ce qui précède on voit que, pour obtenir une gravure en relief, il faut que le métal fusible, ou l'amalgame, monte autour du dessin en l'épargnant et que l'on prenne une empreinte galvanique qui offre alors, sous forme de tailles saillantes, la reproduction exacte du dessin. Pour la gravure en taille-douce, on monte en relief le dessin même que l'empreinte galvanique traduit par des creux.

M. Dulos indique un moyen encore plus rapide, suggéré par la propriété qu'il a reconnue à l'argent d'attirer plus facilement le mercure que ne le fait le cuivre et par la tendance du mercure à s'attacher plus fortement sur l'argent.

Voici la manière d'opérer : après avoir dessiné au crayon lithographique sur une plaque de cuivre, on argentera celle-ci et on enlèvera le dessin, qui ne sera plus figuré que par le cuivre laissé à nu, le reste de la plaque demeurant argenté. Si cette plaque est plongée dans un bain contenant un sel de mercure, par exemple une solution de sulfate de mercure, l'acide sulfurique du sulfate quittera le mercure pour se combiner avec le cuivre, formera un sulfate de cuivre, et le mercure régénéré sera attiré par l'argent; cette opération, continuée pendant quelques minutes, produira des creux dont les parois latérales sont préservées par le passage du mercure qui se fait du cuivre à l'argent.

Tous les sels de mercure peuvent également servir, mais le bain qui réussit le mieux est un sulfate ammoniacal de mercure.

Ces principes posés, nous décrirons les diverses applications qui en sont faites par M. Dulos.

Dessins au crayon et à la plume, reports d'estampes ou de lithographies transformés en gravure en taille-douce ou en gravure typographique.

Avec le crayon lithographique on dessine sur une plaque de cuivre grainée aussi facilement que sur la pierre, et un dessin fait de la sorte peut être transformé en taille-douce ou en gravure typographique, soit par l'amalgame de cuivre, soit par un sel de mercure.

1° *Taille-douce par l'amalgame de cuivre.*

La planche, étant dessinée et ayant reçu au moyen de la pile une couche de fer, est soumise, après l'enlèvement du dessin, à un dépôt galvanique d'argent qui adhère sur le cuivre à l'exclusion des parties ferrées, c'est-à-dire de celles qui avaient été primitivement touchées par le crayon; alors un rouleau de cuivre argenté portant de l'amalgame de cuivre doit être promené sur la surface de la plaque; l'amalgame se fixe sur l'argent à l'exclusion du fer, et, une fois solidifié, permet de prendre une empreinte galvanique en cuivre qui peut être mise sous la presse.

2° *Gravure typographique par l'amalgame de cuivre.*

La plaque dessinée étant soumise à l'argenture, l'argent se dépose sur le cuivre à l'exclusion du crayon; on enlève le dessin qui n'est plus figuré que par le cuivre même de la plaque, que l'on chauffe pour l'oxyder; puis le rouleau argenté, muni d'amalgame, est promené sur la plaque. L'amalgame ne prend que sur l'argent; en d'autres termes, il monte autour des traces du dessin primitif qu'une empreinte galvanique traduit définitivement par des tailles en relief. Cette épreuve en cuivre peut servir immédiatement à l'impression typographique.

3° *Taille-douce par un sel de mercure.*

La plaque dessinée est, comme ci-dessus, argentée au moyen de la pile, et le crayon enlevé avec la benzine ; après quoi, on plonge cette plaque dans une bassine contenant le sulfate ammoniacal de mercure, et, en même temps, on promène sur sa surface, pendant quatre à cinq minutes, le rouleau argenté ; l'excès de mercure se précipitera sur l'argent. La planche ainsi obtenue est en état de donner des épreuves.

4° *Gravure typographique par un sel de mercure.*

La plaque, successivement dessinée, ferrée et argentée, est privée de son fer au moyen d'eau acidulée, plongée dans le bain de sulfate ammoniacal et traitée avec le rouleau argenté pendant cinq minutes environ ; les traits du crayon se transformeront en relief, et la planche même exécutée par ce procédé direct pourra être livrée à l'imprimeur typographe.

Gravure dans le genre de l'aqua-tinta.

Un grain ordinaire d'aqua-tinta étant donné à une planche de cuivre, on en prend une empreinte galvanique également en cuivre, on argente la surface de cette empreinte présentant le grain d'aqua-tinta renversé ; à l'aide du crayon lithographique, on dessine sur cette surface, avec la ressource d'enlever au grattoir les blancs ou rehauts de lumière ; puis on dépose du fer sur l'empreinte, on en fait disparaître le crayon avec la benzine, et on passe l'amalgame de cuivre à l'aide du rouleau argenté.

En dernière opération, on forme, par un dépôt galvanique, une seconde empreinte, qui devient la planche à imprimer, et dont les creux reproduisent le grain primitif d'aqua-tinta, le dessin tracé au crayon et les rehauts de lumière enlevés au grattoir.

Gravure typographique et en taille-douce au moyen d'un dessin sur vernis blanc.

On livre au dessinateur une plaque de cuivre recouverte d'un vernis dans la composition duquel entrent le caoutchouc et le blanc de zinc ; ce vernis se coupe avec la plus grande facilité à l'aide de plumes d'oie ou de pointes d'ivoire. Le dessin terminé, la plaque est plongée dans un bain de fer dont le dépôt ne s'effectue que sur les parties de la planche découvertes par le travail de la pointe. Si l'on entend faire une gravure en creux par un sel de mercure, on enlève le vernis et on argente ; l'argent se dépose sur le cuivre à l'exclusion du fer ; on attaque le fer avec de l'acide sulfurique étendu d'eau, et on traite la plaque par le sel de mercure comme précédemment.

Pour obtenir le même dessin en relief avec le sel mercuriel, il faudrait, en suivant d'ailleurs la méthode précédente, déposer de l'argent et non du fer.

Les dessins sur vernis peuvent également se transformer en gravure par l'emploi de l'amalgame de cuivre.

Nous ajouterons, en terminant cette exposition des travaux de M. Dulos, que les moyens décrits ci-dessus se prêtent à la gravure des outils de relieur, dits fers à dorer, et des planches destinées à recevoir des émaux cloisonnés.

On voit que les procédés de M. Dulos ne ressemblent à aucun des systèmes antérieurs. L'inventeur a pris pour base de ses recherches des lois physiques, bien connues pour la plupart, mais que nul n'avait encore songé à utiliser; et je ne suis pas certain que beaucoup de personnes n'aient mis en doute la possibilité d'obtenir des empreintes sur des ménisques de mercure. Pour ma part, je n'y ai cru qu'après l'avoir vu exécuter par M. Dulos.

Ces procédés ont exigé une longue période d'essais coûteux et pénibles, mais maintenant ils produisent des résultats extraordinaires. Plusieurs fois j'ai donné des coups de plaques à des épreuves tirées sur certaines gravures en relief de M. Dulos, et, lorsqu'elles avaient ainsi la marque distinctive du tirage en taille-douce, je les présentais à des hommes du métier, qui, le plus souvent, s'y sont trompés.

Avec le vernis blanc de M. Dulos, un artiste peut imiter tous les genres de gravure au burin; et, comme la morsure est directe, les tailles viennent franches et pures comme celles de la taille-douce.

Ce dernier procédé est, je crois, celui que M. Dulos emploie le plus souvent.

Les bains d'argent et de cuivre sont connus des personnes habituées à faire de la galvanoplastie. Le fer s'obtient par un bain spécial, donné par M. Dulos. Il dissout 20 parties de sel ammoniaque (chlorhydrate d'ammoniaque) dans 100 parties d'eau. Deux plaques de fer sont plongées dans cette dissolution et mises en communication avec les deux pôles d'une pile. L'électricité dissout l'anode, qui commence par saturer le bain, et qui, après deux heures d'action environ, se transporte sur la plaque opposée, et la couvre d'une couche grise. On enlève alors cette plaque et on la remplace par l'objet à ferrer.

Les métaux se soudent d'autant mieux par l'électricité que le courant est plus faible.

Avec les procédés de M. Dulos, comme avec tous ceux où l'on emploie des acides quelconques, il ne faut pas essayer de creuser profond; les grands blancs doivent être enlevés à la scie et les petits à l'échoppe, ou mieux au *stub*, outil plus simple qui n'exige aucun apprentissage pour son emploi. C'est un morceau d'acier de la forme d'un petit crayon rond, que l'on met par un bout dans un manche et que l'on affûte par le bout opposé en forme de sifflet aigu. Lorsqu'on veut se servir du stub, il faut en avoir de différentes grosseurs. On prend le manche dans le creux de la main, l'index allongé sur le bout du stub, et l'on place un petit morceau de bois, une forte allumette, en travers de la taille à creuser : c'est un point d'appui pour le stub. Après quelques essais, le premier venu peut creuser les blancs d'une gravure qui menaceraient de salir le papier pendant l'impression.

§ III. — M. COMTE ET DIVERS.

Pour obtenir directement l'œuvre du dessinateur, M. Comte emploie un procédé simple et très-ingénieux.

Je crois que sa manière d'opérer est celle-ci : il met sur la plaque de zinc un vernis blanc-jaunâtre, fait avec de la gomme, du blanc de zinc et du jaune d'Avignon. Le dessinateur fait son travail, comme sur le vernis de M. Dulos, en enlevant la couche de blanc avec des plumes ou des outils en ivoire; puis on passe sur la plaque un rouleau lithographique chargé d'une encre grasse, dans le genre du n° 1 ou du n° 2 de M. Gillot.

La surface du zinc est entièrement couverte de noir; seulement, l'encre ne touche pas la plaque dans les parties où il reste du vernis, et les corps gras ne sont absorbés que là où le dessinateur a mis le zinc à nu.

La plaque, dans cet état, est placée dans un baquet d'eau qui dissout le vernis en emportant l'encre qui le couvre. Le dessin apparaît et on le met en relief par le gillotage.

Ce procédé est en grande faveur auprès des artistes, qui s'en servent fréquemment. Il a servi à plusieurs publications illustrées, et c'est par ce moyen qu'a été obtenue la plus grande partie des gravures de l'*Art pour tous*.

Ce journal a employé, pendant un certain temps, un procédé qui donne aussi de très-beaux résultats. Je n'en connais pas l'inventeur; mais les explications qui m'ont été données sur cette méthode de gravure concordent parfaitement avec les opérations que j'ai vu exécuter.

On doit employer sur du zinc un vernis blanc au caoutchouc, semblable à celui de M. Dulos. Le dessinateur fait son travail avec des plumes ou des burins en ivoire, et l'on met ensuite la plaque dans un bain de cuivre. Les parties couvertes de vernis sont protégées et le travail du dessinateur se couvre d'une couche de cuivre. Il est important d'employer un bain qui ne soit pas acide, sans cela le zinc serait attaqué avant de recevoir la pellicule de cuivre.

En sortant du bain, la plaque est lavée à la benzine et gillotée par l'acide chlorhydrique, qui attaque le zinc sans avoir d'action sur le cuivre à froid. Comme pour toutes les gravures par les acides, aussitôt que la morsure est indiquée il est prudent d'employer les charges d'encre préservatrices, au moyen d'un rouleau métallique ou d'un rouleau lithographique très-dur.

J'ai quelque raison de croire que ce procédé est celui par lequel M. Coblence produit les très-belles gravures qui sortent de son atelier.

Quelques personnes ont employé avec succès un dépôt d'or ou d'argent sur les parties de métal découvertes par le dessinateur, après quoi elles gillotent.

MM. Firmin Didot frères se sont fait breveter, en avril 1854, pour un procédé qu'ils nomment la chrysoglyphie.

M. Ambroise-Firmin Didot décrit ainsi la manière d'opérer :

« Sur une planche en cuivre recouverte du vernis ordinaire des gravures, on fait mordre, au moyen d'une eau acidulée, le dessin qu'on y a tracé à la pointe; on ne fait mordre qu'une fois, afin que la profondeur des tailles soit la même partout, puis on enlève le vernis qui recouvre les parties non mordues. Cela fait, on revêt la planche d'une couche d'or, soit par l'action de la galvanoplastie, soit en employant la dorure au feu.

« On recouvre alors d'un mastic inattaquable aux acides toute la surface de la planche, que l'on chauffe en dessous pour que le mastic pénètre bien dans toutes les parties creusées; puis, avec un grattoir à graveur, on enlève à la surface de la planche le mastic, qui ne reste que dans les parties gravées. On frotte ensuite avec une pierre ponce ou un charbon la surface de la planche, pour enlever l'or; en sorte que le cuivre est mis à nu partout où le dessin n'est pas préservé par l'or et le mastic qui recouvrent les traits.

« Alors, au moyen de morsures réitérées, on attaque le

cuivre à des profondeurs diverses, selon les besoins, et on emploie l'échoppe ou la scie à repercer là où il est nécessaire.

« Par ce moyen, on obtient en relief des effets de gravure que l'eau forte seule peut donner en taille douce. »

Quelques personnes dessinent ou font des reports avec des encres grasses sur des plaques de cuivre, et elles mettent en relief au moyen de l'électricité. La plaque est descendue dans un bain de sulfate de cuivre à la place de l'anode, et, la pile étant mise en activité, le cuivre est dissous dans toutes les parties qui ne sont pas protégées par des vernis ou des encres préservatrices. En très-peu de temps, on obtient ainsi un creux suffisant.

En résumé, parmi les nombreux procédés de mise en relief par les acides qui ont été proposés ou essayés depuis un siècle, et dont je n'ai indiqué que les variétés les plus originales, pour ne pas trop agrandir le cadre de ce travail, on ne peut considérer, comme devenues industriellement pratiques, que les gravures de MM. Gillot, Dulos, Comte, et celles dites de l'*Art pour tous*.

CHAPITRE IV

NOUVEL EMPLOI DES GRAVURES CHIMIQUES EN RELIEF.

Les gravures chimiques ont eu, jusqu'ici, pour but de mettre en relief les dessins déjà tracés sur la pierre lithographique, sur plaque de taille-douce, ou bien sur des vernis spéciaux pour chaque procédé.

Les résultats acquis sont extrêmement importants, et ils aident considérablement les progrès de la typographie, de la librairie, des arts et des sciences.

Mais, comme chaque progrès est le germe d'où sort une nouvelle série d'améliorations, les gravures chimiques n'ont pas tardé à donner plus qu'on n'en espérait.

Elles permettaient de graver sans graveur : elles commencent à se passer de dessinateur, et il fallait en arriver là.

Nous avons besoin d'illustrations, et les artistes manquent. Ceux qui existent exigent de leurs travaux des prix qui rendent ces productions inabordables à la classe nombreuse des petits acheteurs, dont le développement intellectuel est si urgent.

La plupart des imprimeurs-éditeurs n'ont même qu'un cercle de débouchés si restreint, qu'il leur est impossible de faire de grands frais supplémentaires pour améliorer ou agrémenter leurs publications.

Tous ces besoins d'illustrations peuvent être satisfaits aujourd'hui.

Le passé, qui a préparé les éléments de l'éclatant épanouissement de l'industrie moderne, nous a légué des trésors artistiques qui attendaient dans la poussière des musées et des bibliothèques que l'on trouvât les moyens de les utiliser.

Ces moyens existent maintenant.

Après un demi-siècle de tâtonnements, la photographie, aidée par les gravures chimiques, est arrivée à reproduire en relief tous les textes et dessins existants. De plus, elle les reproduit à volonté, suivant les besoins, ou agrandis ou réduits.

Dans ces conditions nouvelles, l'illustration est devenue possible pour les plus petites publications.

Les éditeurs qui n'ont pu encore employer cet élément de succès, si certain en librairie, peuvent maintenant s'en servir sans avoir recours aux dessinateurs ni aux graveurs. Non pas qu'il faille espérer la suppression de ces artistes : ils deviendront, au contraire, d'autant plus indispensables que le public aura pu développer avec plus de facilité son penchant naturel pour les illustrations.

Chaque époque a un goût différent et des besoins spéciaux qui exigent de nouveaux artistes.

Les gravures chimiques et la photogravure, qui en découle, ne peuvent qu'étendre le champ de tous les arts graphiques, en mettant à la portée du plus grand nombre les œuvres qui n'ont servi jusqu'ici qu'à l'éducation artistique de quelques-uns.

CHAPITRE V

CONSIDÉRATIONS GÉNÉRALES SUR LA PHOTOGRAVURE EN RELIEF.

La photographie doit son existence aux recherches que Nicéphore Niepce commença en 1813 pour graver chimiquement l'image de la chambre obscure.

Ce fut Daguerre qui détourna Niepce de ce but, et qui dirigea leurs efforts communs sur la fixité d'une image unique.

Le premier problème fut repris depuis par le docteur Donné, par MM. Fizeau, Hurleman, Grove, et, en 1853, par M. Niepce de Saint-Victor, neveu de l'inventeur. Chacun de ces savants apporta quelques nouveaux perfectionnements, et tous produisirent des spécimens extrêmement remarquables.

Puis vinrent MM. Mante, Boulongne, Reiber, Riffaut, Ch. Nègre, Baldus, Leffmann, Amant-Durand, Thévenin, Dulos, Barret, Desjardins, qui commencèrent à livrer aux imprimeurs des gravures photographiques en creux ou en relief.

A côté de ces artistes, que leurs productions ont fait connaître du public, il se trouve un grand nombre d'autres personnes qui ont essayé, plus ou moins heureusement, d'employer les procédés déjà connus, ou qui ont essayé de les améliorer. Tous ces efforts ont servi de prétexte à un nombre considérable de brevets, dont la plupart seraient peut-être difficiles à justifier.

Deux principes servent de base à toutes les gravures photographiques :

Le bitume de Judée, qui a donné lieu aux premières recherches de Nicéphore Niepce, et la gélatine, réunie au bichromate de potasse, dont les qualités ont été signalées par Mungo Ponton, et mises en œuvre par M. Poitevin, qui a pris pour les principales applications des brevets tombés dans le domaine public.

Les procédés de Niepce et ceux de Poitevin sont suffisants dans le plus grand nombre de cas, surtout pour la gravure en relief. On peut dès maintenant ajouter aux procédés de gravure chimique déjà employés les ressources si importantes que donne la photographie pour la reproduction des gravures, textes et dessins existants.

Les renseignements donnés par ces différents inventeurs ne peuvent guère servir qu'aux photographes qui veulent faire de la photogravure. Un livre, quelque bien fait qu'il soit, n'apprendra jamais à une personne étrangère à la pratique toutes ces manipulations compliquées, dont une seule incomplétement réussie suffit à faire échouer toutes les autres. Celui qui veut exécuter lui-même toutes les opérations de la photogravure n'a rien de mieux à faire, avant de se procurer le laboratoire, les instruments et les livres, que de commencer à savoir s'il pourra s'en servir ; et, pour cela, il faut d'abord prendre des leçons pratiques chez un bon photographe.

On peut apprendre la photographie dans les livres, lorsqu'il ne s'agit que du portrait, que l'on est à peu près certain d'obtenir plus ou moins mal ; mais, lorsqu'on veut obtenir des négatifs destinés à la gravure, il faut des résultats aussi parfaits que possible, lesquels exigent le concours d'un opérateur auquel l'expérience a donné le coup d'œil, ainsi que la connaissance des tours de main du métier.

Il n'y a peut-être pas un typographe qui pourrait perdre le temps nécessaire pour devenir bon opérateur photographe, et, à moins de circonstances exceptionnelles, il en est bien peu à qui cela serait véritablement utile : partout on trouve des photographes qui peuvent, après quelques tâtonnements, fournir aux imprimeurs les clichés de tout ce que ceux-ci peuvent avoir besoin de mettre en relief.

Les lithographes, qui, maintenant, emploient beaucoup la photographie, ne sont presque jamais photographes; ils font faire des clichés photographiques, qu'ils reportent sur pierre.

Les typographes n'ont pas davantage besoin d'être photographes; ce qu'il leur faut, c'est de savoir utiliser les reports de clichés photographiques pour mettre le cuivre ou le zinc en relief.

Les livres existants ne sont guère plus utiles pour les dernières opérations de photogravure que pour les premières. Les auteurs s'étendent considérablement sur les procédés photographiques et ne donnent que de rapides indications sur la gravure, que la plupart des photographes ont fait exécuter par des graveurs à l'eau-forte. Les explications relatives à la gravure portent principalement sur les procédés qui permettent d'obtenir sur des plaques un grain semblable à celui du crayon lithographique ou de l'aqua-tinte. Les créateurs de la photogravure ont presque tous eu en vue de reproduire directement la nature sans le secours du dessinateur : pour arriver à ce résultat, il faut absolument donner un grain, soit au cliché photographique, soit au métal. Ce travail supplémentaire est destiné à produire sur la plaque des milliers de petits points ou de petits trous nécessaires pour retenir l'encre et pour faire des blancs dans les glacis photographiques, qui, sans cela, viendraient par larges parties, complétement noires à côté d'autres entièrement blanches; ce qui supprimerait tous les modelés pour ne laisser que des oppositions crues et sans formes.

Un seul grain ne suffit pas pour obtenir des effets un peu artistiques de la photogravure d'après nature. En taille-douce, comme en lithographie, on est obligé, pour tous les travaux un peu soignés, de faire au moins trois gravures ou trois pierres, et trois tirages. Une impression très-grise contient tous les détails que l'on peut obtenir; une autre très-noire ne contient que les ombres les plus prononcées, et une troisième, intermédiaire, sert à fondre les deux autres. Ces tirages successifs, faits avec une même couleur plus ou moins foncée, et des planches plus ou moins mordues, produisent des effets surprenants plus beaux d'aspect que la photographie : mais toutes ces opérations sont très-délicates et très-coûteuses.

On est obligé de faire retoucher les plaques, et ce travail, extrêmement difficile, ne peut être exécuté que par des graveurs de premier mérite.

Ces conditions de la photogravure d'après nature ne sont encore ni pratiques ni économiques, et, par conséquent, ne conviennent pas à la typographie.

Il est nécessaire que des savants et des artistes se servent de ces procédés pour rechercher une meilleure solution du problème posé par Nicéphore Niepce, la gravure directe de l'image produite par la chambre noire; mais les typographes n'ont pas à s'en préoccuper, au moins quant à présent.

Il est même supposable que, lorsqu'on trouvera des moyens industriels d'obtenir la photogravure d'après nature, la typographie n'en tirera pas immédiatement des avantages proportionnés à l'immense facilité de reproduction qui en résultera. Quels que soient les procédés destinés à réaliser ce progrès, on devra probablement toujours employer un grain quelconque pour nuancer les mats : ce grain ne plaira pas plus à la masse du public que le grain d'aqua-tinte et le crayon lithographique, que l'on n'a pas encore pu introduire avec succès au milieu des textes.

En typographie, il faut des traits gras, des traits maigres et des traits intermédiaires, qui se croisent en tous sens, comme ceux du burin en taille-douce : c'est tout à la fois ce qui s'imprime le plus facilement et ce qui plaît le mieux au plus grand nombre.

Les imprimeurs n'ont donc besoin de connaître que les moyens les plus simples de reporter et de mettre en relief sur métal les innombrables dessins, gravures et textes intéressants que nous a laissés le passé.

Dans ces modestes limites, la photogravure offre un champ d'activité suffisamment étendu, dans lequel les imprimeurs ont des mines inépuisables à exploiter, et sans beaucoup de difficultés.

CHAPITRE VI

PHOTOGRAVURE PAR LE BITUME DE JUDÉE.

Niepce de Saint-Victor, qui a étudié avec le plus grand soin la gravure photographique, dit que le bitume de Judée est la substance qui produit les meilleurs résultats; mais, malheureusement, Niepce de Saint-Victor n'a fait que de la gravure en taille-douce, et je n'ai pas vu, dans ses écrits, qu'il ait donné une description suffisante des moyens de graver en relief.

J'ai demandé à M. Dulos, qui réussit si parfaitement tous les genres de gravure et qui démontre si libéralement tous ses procédés, quel est celui qu'il emploie pour mettre en relief les clichés photographiques des superbes gravures qui sortent de son atelier, et voici la note qu'il a eu l'obligeance de me donner :

Sur une plaque de cuivre polie on étend une couche mince de bitume de Judée, préalablement dissous dans de la benzine ; on applique sur la plaque, ainsi préparée, un négatif ou un positif sur verre, et on expose le tout à la lumière (au soleil pendant 15 minutes environ, à l'ombre pendant 2 heures) ; on retire la plaque de cuivre, et on la lave dans un mélange de benzine et d'huile de naphte. Toutes les parties qui n'ont pas été influencées par la lumière se dissolvent avec la plus grande facilité et laissent le cuivre à nu, tandis que les parties qui ont été décomposées par le soleil résistent à ce lavage. Si maintenant on dépose une couche de fer, comme je le fais dans mon procédé de gravure, le fer ne se décomposera que sur le cuivre mis à nu. On enlève le bitume de Judée par un frottage avec de la benzine et on dépose une couche d'argent qui ne se met que sur le cuivre en respectant le fer, et l'on suit, pour obtenir la gravure, la même marche que celle qui est signalée dans mon procédé.

Ce qui distingue cette manière d'opérer des moyens déjà employés, c'est qu'il suffit d'une couche extrêmement mince de bitume de Judée, et que l'on obtient par cela même les plus grandes finesses.

Il est bien entendu que si l'on veut mettre en relief les parties, non impressionnées, que le dissolvant a enlevées, il ne faut pas ferrer : il faut argenter seulement et ensuite enlever le bitume insoluble, et attaquer le dessous au moyen du sel ammoniacal de mercure.

Ainsi, selon qu'on emploie un cliché positif ou négatif, on peut se servir de l'un ou l'autre des procédés de mise en relief de M. Dulos.

Dans la *Gravure héliographique*, par M. Nicpce de Saint-Victor, on trouve plusieurs indications qui peuvent être utiles pour la mise en relief.

Son vernis est composé ainsi :

Benzine anhydre.	90 gr.
Essence de zeste de citron.	10
Bitume de Judée pur.	2

On enlève l'eau que contient la benzine en mettant dans le flacon du chlorure de calcium, qu'on y laisse de vingt-quatre à quarante-huit heures, en l'agitant de temps à autre.

L'essence de citron a pour but de rendre le bitume plus impressionnable.

Aussitôt que le vernis est fait, il faut le mettre dans l'obscurité, et il est bon d'en préparer peu d'avance. S'il est trop faible, on lui fait prendre la consistance voulue en enlevant le bouchon pour permettre l'évaporation.

L'application du vernis sur la plaque est une opération

qui demande un peu d'habitude. Voici comment Niepce la décrit :

Je verse mon vernis tout doucement au centre de la plaque ; je l'étends ensuite, par un mouvement de la main, sur toute la surface de la plaque, que j'incline pour remettre l'excédant du vernis dans le flacon, en le faisant couler par un des angles, après quoi je tiens ma plaque droite, et toujours par un angle, pour laisser tomber le vernis en bas ; puis je la retourne et l'appuie sur l'angle opposé, contre un mur, en l'inclinant un peu pour la laisser sécher, ce qui exige seulement quelques minutes, car la benzine et l'essence de citron étant très-volatiles et très-siccatives, il en résulte une prompte dessiccation.

Il est important de ne pas secouer le flacon avant de verser le vernis, sans quoi il se produirait sur la couche de nombreuses bulles d'air qui feraient autant de trous, et il ne faut vernir la planche qu'au moment de l'employer.

Si la plaque sur laquelle on met le vernis n'est pas parfaitement sèche, l'adhérence sera incomplète, et, à la morsure, des parties de vernis s'enlèveraient; il ne faut pas non plus que la plaque soit chaude : la chaleur diminue considérablement la sensibilité du bitume et de l'essence de citron.

Le cliché à l'albumine est celui qui donne les meilleurs résultats.

Niepce indique pour le dissolvant le dosage suivant :

Huile de naphte rectifiée.	4 parties.
Benzine ordinaire	2 —

L'huile de schiste peut remplacer l'huile de naphte, mais alors il faut moins de benzine.

Lorsque tout le vernis est emporté par le dissolvant, c'est que la lumière n'a pas agi assez longtemps, et c'est le contraire lorsque le vernis ne se dissout pas. L'opérateur a besoin de quelques expériences pour être bien fixé sur le degré d'impressionnabilité des substances qu'il emploie. Certains bitumes perdent toutes leurs propriétés photogéniques sans raisons connues.

Dans une opération bien-réussie, le dessin doit apparaître rapidement, et aussitôt il faut mettre la plaque, en l'agitant dans un baquet d'eau, puis sous un robinet, qui lavera avec plus de force, et enfin, la faire sécher promptement en employant le soufflet et une chaleur modérée.

Niepce mordait avec de l'eau acidulée par l'acide azotique. Il commençait avec de l'eau à un degré, qu'il portait progressivement jusqu'à douze. Plusieurs graveurs ont ajouté à l'acide azotique de l'alcool, du vinaigre et différents acides. Lorsqu'on est habitué à faire mordre, on préfère les combinaisons d'acides aux acides isolés.

MM. Lerebour, Bareswill et Lemercier ont indiqué, il y a plus de quinze ans, un moyen de reproduire les photographies par la lithographie sur pierre et sur zinc. Les procédés de ces messieurs sont sensiblement les mêmes que ceux de Niepce. Lorsque le bitume de Judée a été impressionné et que les parties préservées sont dissoutes, on gomme et on acidule la pierre ou le zinc, comme après un transport ordinaire.

En gillotant des plaques de zinc ainsi préparées, on obtiendrait le relief de toute espèce de gravures. M. Lefman, qui depuis longtemps fait de la photogravure industrielle, n'opère pas autrement pour la mise en relief; ses reports seuls diffèrent.

CHAPITRE VII

PHOTOGRAVURE PAR LA GÉLATINE.

La gélatine a des propriétés singulières dont on est probablement loin d'avoir tiré tout le parti possible.

Elle est insoluble dans l'eau froide, mais elle s'y gonfle beaucoup. Au-dessus de 60°, elle fond et se dissout dans l'eau bouillante. Ces phénomènes se reproduisent tant qu'elle est pure. Si on lui incorpore d'autres substances, ses propriétés sont le plus souvent modifiées d'une façon complétement imprévue.

La glycérine supprime les contractions.

L'acide acétique la dissout sans qu'une forte addition d'eau froide la ramène à son état primitif. Très-peu d'alun mis dans une solution de gélatine l'empêche de se redissoudre, et cependant on peut ajouter de l'alun à de l'acide acétique qui a dissous de la gélatine sans que les deux substances se séparent.

Une dissolution saturée de bichromate de potasse dissout aussi la gélatine, et l'eau, ajoutée à cette dissolution, la laisse subsister, tandis que l'alun la coagule. La gélatine, mélangée de bichromate, devient sensible à la lumière. Tant que la gélatine bichromatée reste dans l'obscurité, elle se comporte comme la gélatine pure; aussitôt qu'elle a reçu l'action des rayons lumineux, elle ne peut plus être gonflée par l'eau froide ni dissoute par l'eau chaude.

Certains corps gras lui enlèvent la propriété de se dissoudre. Ainsi, les noirs ordinaires de bougie, de lampe et de résine, la rendent insoluble; et, si ces noirs sont calcinés, ils n'ont plus d'action sur la gélatine.

M. Poitevin, qui avait étudié quelques-unes des singulières modifications que subit la gélatine, prit pour leurs applications industrielles deux brevets, qui expirent le 27 août 1870, et où se trouvent les passages suivants, qui concernent la gravure en relief :

Pour reproduire à l'encre grasse sur papier, pierre lithographique ou surface métallique, ou bois, la contre-épreuve d'un dessin photographique, on applique sur la surface qui doit recevoir le dessin une ou plusieurs couches d'un mélange, à volumes égaux, d'une solution concentrée d'albumine. fibrine, gomme arabique ou succédanées, et d'une solution concentrée d'un chromate ou bichromate à base terreuse ou métallique ne précipitant pas la matière organique de sa dissolution. Ordinairement, on emploie le bichromate de potasse ; après dessiccation ou avant, si l'impression doit être faite à la chambre noire, on expose à la lumière, et, après l'insolation, on applique, au tampon ou à la presse, une couche uniforme d'encre grasse ou de couleur, on détache l'encre par le lavage : l'encre ne reste que sur les parties impressionnées par la lumière.

La production par la lumière de reliefs et de creux sur une couche suffisamment épaisse de gélatine imprégnée de bichromate de potasse, en utilisant pour leur production la propriété qu'a la gélatine de se gonfler en s'imprégnant d'eau, tandis que la gélatine chromatée et impressionnée par la lumière ne se gonfle pas ou très-peu, et la transformation de ces gravures sur gélatine en planches de plâtre, de cuivre ou autres métaux.

Pour le mode d'opérer, M. Poitevin donne les explications suivantes :

On coule sur une surface quelconque une couche uniforme d'une dissolution de gélatine; après dessiccation, on plonge dans une dissolution de bichromate de potasse, on passe rapidement à l'eau et on laisse sécher de nouveau dans l'obscurité. On peut encore mélanger la gélatine et le bichromate de potasse et se servir de ce mélange pour faire la couche sensible.

Quel que soit le mode de préparation et après dessiccation, la couche est soumise, à travers le dessin positif ou négatif, à l'action directe ou diffuse de la lumière, ou bien au foyer d'une chambre noire, si l'on ne veut pas opérer par contact ou si l'on tient à opérer d'après nature. Le temps d'exposition varie, bien entendu, d'après l'épaisseur de la couche de gélatine et suivant l'intensité de la lumière.

Après l'impression, on plonge dans l'eau la couche de gélatine; alors toutes celles de ses parties qui n'ont pas reçu l'impression lumineuse s'en imprègnent, la gélatine se gonfle et donne des reliefs, tandis que les parties qui ont été impressionnées s'humectant peu, forment le creux. Les relief correspondent donc aux noirs du dessin et les creux aux blancs.

On prend la contre-épreuve de cette gravure sur gélatine en la moulant, soit en plâtre, soit en toute autre matière plastique connue, ou par dépôt galvanique, après l'avoir préalablement rendue conductrice de l'électricité. On fait le moulage au plâtre, à la manière ordinaire, après avoir donné toutefois plus de consistance à la gélatine en versant à la surface une solution de proto-sulfate de fer.

Pour la galvanoplastie, on métallise l'empreinte de gélatine en l'imprégnant d'abord d'une solution d'iodure de potassium, puis d'une solution de nitrate d'argent que l'on réduit après l'exposition à la lumière au moyen d'une solution de protoxyde de fer. Le précipité d'argent qui se forme fait une excellente métallisation du moule.

Les moules en plâtre sont traités également par la galvanoplastie ou par le clichage. De cette manière, on a des reliefs ou des creux suivant que l'on emploie un positif ou un négatif.

Apres avoir exploité ces brevets pendant très-peu de temps, M. Poitevin les a vendus, et M. Lemercier, dernier acquéreur, les a utilisés, mais sans qu'ils aient donné lieu à un chiffre d'affaires très-important.

M. Poitevin a reçu plusieurs récompenses honorifiques et pécuniaires, mais ses procédés ne sont encore véritablement que dans la période d'essais.

On a reproché à ses empreintes de n'être pas de niveau. En effet, plus les traits sont larges, plus la gélatine gonfle; aussi les premiers plans sont plus hauts que les seconds, ceux-ci que les troisièmes, et ainsi de suite. Le reproche tombe à faux, et M. Poitevin ne sait peut-être pas que c'est un des plus grands avantages de ses procédés, bien qu'il n'ait pas encore été utilisé industriellement. Ces différences de hauteur répondent précisément à un besoin de la typographie. Pour imprimer les gravures, nous sommes obligés de faire une mise en train appelée *découpage*, qui consiste à mettre des papiers plus épais sur les noirs que sur les gris, qui, eux-mêmes, doivent être moins chargés que les traits fins. Le gonflement de la gélatine correspond tout à fait à ces différences de hauteur, et un cliché obtenu de cette façon n'aurait pas besoin de mise en train.

Ces différences de hauteur produisent naturellement les mêmes effets que j'obtiens par mes procédés particuliers sur les clichés de gravure en plomb ou en cuivre, destinés à être tirés sans mise en train sur les machines à grande vitesse, qui ne pouvaient donner aucune illustration acceptable avant mon invention.

J'ai essayé la gélatine, à la place des moyens que j'emploie habituellement, et les résultats sont infiniment supérieurs. Par mes procédés, je peux bien baisser ou élever toute une partie, petite ou grande, mais je ne peux pas mettre côte à côte un trait fin très-bas, à côté d'un trait gras très-haut, et la gélatine donne ce résultat sans aucun tour de main.

Cet avantage est doublé d'un inconvénient grave. Les creux fournis par la gélatine ne sont pas assez profonds pour être imprimés. Il faudrait pouvoir charger les traits avec des encres préservatrices et faire du gillotage.

Cette ressource est interdite par les différences de hauteur, qui font que, même avec le rouleau lithographique, certains traits prennent trop d'encre et que d'autres, qui ne peuvent être atteints, restent découverts.

On serait certainement venu à bout de tourner cette difficulté, si on avait cru qu'il fût possible d'imprimer les surfaces ondulées ; mais toutes les personnes qui se sont occupées de cette question étant persuadées, comme la plupart des typographes, que l'impression ne peut se faire que sur des surfaces planes, elles abandonnèrent le clichage des gonflements de la gélatine pour utiliser ses autres propriétés.

On n'essaya guère de dissoudre la gélatine non impressionnée; car, sous la surface rendue insoluble, il se trouve toujours une épaisseur, si faible qu'elle soit, qui est moins sensibilisée, et une autre qui ne l'est pas du tout, ce qui fait que souvent l'eau chaude enlève plus qu'il ne faut. La couche de gélatine a encore un autre défaut : quelque mince qu'elle soit, la lumière ne la frappe pas seulement perpendiculairement, elle vient encore, sur le côté, produire en dessous des déviations, qui causent au moins du flou.

De nombreux chercheurs se proposèrent de trouver le moyen de détacher la couche de gélatine de dessus son support après l'exposition à la lumière, pour coller le côté impressionné directement sur un autre support, de façon à pouvoir faire enlever par l'eau chaude toute la gélatine soluble et à garder fidèlement les seules parties qui constituent l''image.

On ne tarda pas à avoir plusieurs moyens de retourner la couche de gélatine pour la coller sur du collodion cuir, sur papier, sur verre ou sur plaque.

La méthode la plus simple, et, en même temps, la mieux appropriée aux besoins de la gravure, est celle qui a été, non pas inventée, mais publiée par M. Andza. Elle consiste à prendre des feuilles de gélatine du commerce, que l'on sensibilise en les mettant sur une dissolution de bichromate pendant deux ou trois minutes seulement, pour qu'elles n'aient pas le temps de se ramollir; et, pour pouvoir les faire sécher à l'air libre sans qu'elles touchent quoi que ce soit, on colle à cheval sur une des marges une bande étroite de papier fort, pliée en deux sur toute la longueur, qui sert à soutenir la feuille de gélatine lorsqu'on la pince ou qu'on la pique pour la pendre.

Lorsqu'une de ces feuilles de gélatine a reçu l'action de la lumière sous une gravure ou sous un cliché photographique, on la passe dans l'eau, et on applique le côté bichromé et impressionné sur une plaque de métal, ou tout autre support. Par-dessus on place quelques feuilles de papier sans colle, et l'on met en presse d'une façon quelconque. Lorsque la gélatine a eu le temps de sécher et de se coller à son support, on plonge le tout dans l'eau bouillante. Une feuille de papier sans colle, qui s'est attachée à la gélatine pendant la pression, commence à se décoller; puis la gélatine se dissout, et il ne reste bientôt plus que celle qui a été impressionnée par la lumière et qui est collée au support, verre, papier ou métal.

On a alors un léger relief de gélatine, suffisant pour obtenir, par la galvanoplastie, un creux pour l'impression en taille-douce; mais, pour la typographie, il faut mettre la plaque en relief par le gillotage, ou par toute autre gravure chimique.

Si la feuille de gélatine a été collée sur une pierre lithographique, on peut imprimer après avoir gommé et acidulé, comme pour un report ordinaire. La gélatine étant retournée, les parties impressionnées sont fixées sur la pierre, et les traits ne peuvent plus être ni grossis, ni diminués. Les résultats que l'on obtient ainsi doivent être de beaucoup préférables à ceux que produit le procédé Poitevin; cet inventeur avait tourné la difficulté de l'épaisseur de la gélatine en lui substituant l'albumine qui peut être employée en couches extrêmement minces.

Il est un autre moyen de retourner la gélatine qui doit aussi donner de bons résultats, et qui est employé, avec quelques modifications de détail, en France par M. Lafollye, et en Angleterre par M. Towey.

L'un et l'autre couvrent des feuilles de papier d'une couche de gélatine bichromatée, et, après avoir impressionné la surface sous une gravure ou un cliché photographique, ils mouillent l'épreuve du côté du papier et mettent le côté gélatiné sur la pierre; au moyen d'une pression, la gélatine non-impressionnée se colle à la pierre et fournit l'empreinte destinée à recevoir l'encre lithographique. En opérant ainsi sur plaque, il doit être facile d'obtenir par le gillotage toute espèce de dessin au trait; on aurait, de cette façon, une variante des procédés de M. Lefman. Cet artiste, qui le premier a appliqué la paniconographie à la photogravure, obtient ses épreuves de report avec du papier gélatiné et bichromé qu'il encre à l'aide d'un rouleau lithographique, après l'exposition à la lumière, et qu'il décalque ensuite, comme une épreuve ordinaire, sur la plaque de zinc. Ces procédés extrêmement simples sont brevetés, et c'est grâce à eux que M. Lefman a pu faire de la photogravure une véritable industrie. On obtiendrait probablement des résultats presque aussi satisfaisants en se servant des méthodes de MM. Lafollye et Towey.

Les lithographes trouveront des applications spéciales de la gélatine à la lithographie dans une brochure de M. Lallemand sur les nouveaux procédés d'impression autographique et de photographie.

Les propriétés de la gélatine ont donné lieu à un grand nombre de variantes dans les détails des méthodes précédentes. Ces perfectionnements, si légers qu'ils soient, ont quelquefois une grande importance pour la photographie; mais ils influent très-peu sur la photogravure en relief, et presque tous font l'objet de brevets.

Je décrirai seulement deux procédés originaux qui peuvent mettre les imprimeurs sur la voie de nouvelles applications des propriétés de la gélatine.

M. Wintanslay couvre les reliefs produits par les gonflements de la gélatine impressionnée de fils métalliques effilés en pointe comme des aiguilles. Lorsque la pointe de chaque fil est descendue sur la gélatine, il soude les fils ensemble et obtient une surface inégale composée de points dont les plus hauts correspondent au creux de la gélatine, et les plus bas à ses gonflements. Au moyen de la lime et de la pierre, il égalise toute cette surface, et il obtient alors des séries de points de toutes grosseurs. Les plus fins, qui n'ont pas été attaqués, représentent les clairs du dessin; les plus gros, qui ont été les plus usés, représentent les noirs.

M. Woodbury a vendu à la maison Goupil, qui l'exploite, un procédé avec lequel on obtient des épreuves tout à fait semblables à des photographies, et par des moyens qui peuvent donner lieu à de nombreuses applications typographiques, que l'inventeur n'avait pas prévues d'abord.

On met une couche de gélatine bichromatée sur une plaque de métal, et, lorsqu'elle a été impressionnée, on dissout les parties préservées. Celles qui restent sont durcies par différents produits chimiques, qui produisent le même effet que le protosulfate de fer. Le relief qui résulte de cette opération est enfoncé dans une plaque de plomb, au moyen d'une presse hydraulique. La gélatine, que l'on pourrait croire écrasée par cette énorme pression, est retirée intacte, tandis que le plomb a pris l'empreinte des détails les plus microscopiques. Ce creux est graissé, puis rempli d'une encre transparente, composée de gélatine colorée comme on le désire. On applique une feuille de papier sur le tout, et l'on donne un coup de platine. La pression chasse l'excédant de l'encre et fait adhérer à la feuille celle qui reste dans les creux. Le papier, retiré, se trouve couvert d'un dessin formé par une couche de gélatine en relief. La transparence de cette encre laisse apercevoir le papier dans les clairs du dessin, qui sont à peine couverts, et les couches plus épaisses éteignent le blanc proportionnellement aux noirs. L'effet général est celui d'une photographie au charbon.

M. Woodbury n'a pas tardé à trouver une nouvelle application de son procédé. Peu de temps après, il prenait un brevet pour le filigranage du papier par la pression opérée sur des reliefs de gélatine.

Une discussion survenue à ce sujet à la Société de photographie a fait savoir que ce dernier brevet de M. Woodbury était tombé dans le domaine public.

Le *Bulletin de photographie* reproduit les explications ci-après, données à cette occasion par M. Davanne :

M. Woodbury obtient le type nécessaire à l'impression de la manière suivante :

Étant donné, au moyen de la gélatine bichromatée, un premier relief d'un dessin quelconque, que ce relief soit sur verre ou autre substance, on en prend une empreinte au moyen d'une feuille métallique très-mince (une feuille d'étain, par exemple); on consolide celle-ci par un dépôt galvanique en cuivre, et, s'il est nécessaire, par une épaisseur de gutta-percha. On a ainsi un moule en creux, dans lequel on coule une encre gélatineuse non chromatée, suivant le procédé d'impression déjà connu de M. Woodbury ; ce moulage en gélatine est reporté sur une feuille de zinc, et forme, en se solidifiant, les reliefs nécessaires à l'impression filigranée.

Ces reliefs ainsi obtenus ont une grande finesse ; mais ils ne rendent pas l'aspect gras et un peu empâté des filigranes réels, qui nous semblent mieux imités par notre procédé.

Celui-ci est d'une grande simplicité. Au moyen d'un négatif quelconque, nous faisons une épreuve ordinaire à la gélatine bichromatée (épreuve dite *au charbon*), avec cette différence, toutefois, que nous doublons la quantité de gélatine pour avoir plus d'épaisseur, et que nous ne mettons que très-peu de matière colorante. Le papier chromogélatiné, exposé vigoureusement au soleil, est appliqué contre une feuille de papier albuminé coagulé par l'alcool; l'image, développée à l'eau chaude, immergée dans une solution d'alun, est séchée complétement, et sert directement pour obtenir le filigrane. Pour cela, il suffit de laminer ensemble, sur la pierre à satiner, la feuille sur laquelle on veut faire le dessin et celle qui porte le relief de gélatine.

Cette application découle directement du brevet de M. Poitevin, sans qu'il soit nécessaire de passer par les moules, contre-moules et encre gélatineuse de M. Woodbury. Elle était en quelque sorte prévue par l'inventeur, puisqu'il a inscrit dans son brevet la possibilité d'obtenir par la gélatine bichromatée des matrices pour le gaufrage du papier. Il y a toutefois cette différence, que nous employons, comme l'indiquait M. Pretsch, le relief que donne la gélatine coagulée, lorsque toutes les autres parties sont éliminées par l'eau chaude, tandis que M. Poitevin semble avoir indiqué de préférence le relief que la gélatine non coagulée par la lumière prend sous l'influence de l'eau froide.

Je reconnais complétement, ajoute M. Davanne, que M. Woodbury a eu la priorité de l'idée; je crois qu'il y a des différences dans le moyen d'exécution, et, en tous cas, je me félicite d'avoir eu l'occasion de revenir sur cette invention, puisque cela a amené la déclaration de M. Woodbury que son brevet était tombé dans le domaine public.

Depuis cette discussion, le *Bulletin de photographie* a indiqué les nouveaux perfectionnements qui vont suivre, et que M. Woodbury a publiés dans *The British journal of Photography* (19 *août* 1870) :

Ces perfectionnements consistent d'abord à utiliser le relief produit photographiquement sur la gélatine, et à en obtenir, en métal doux, une matrice négative à l'aide de la pression, matrice dont je fais usage ensuite, comme d'une plaque gravée, pour tirer aux encres grasses, ainsi que cela a lieu dans le procédé de gravure ordinaire; si la chose est nécessaire, je fais ensuite de la matrice métallique une reproduction galvanoplastique.

En second lieu, ils comprennent un nouveau moyen d'obtenir une surface granulée, qui joue le rôle de fond et prenne l'encre, dans les demi-teintes. J'obtiens cette surface en ajoutant au mélange gélatiné chromaté, au lieu d'une couleur finement divisée, une substance en grains ou en poudre.

Quelquefois, je sèche partiellement la gélatine et je jette à sa surface une poudre grossière, telle que l'émeri, qui, lorsque le relief est produit, n'adhère qu'aux portions qui correspondent aux noirs du dessin et communique seulement à ces parties, dans la matrice obtenue par pression, l'aspect granulé dont on a besoin.

En troisième lieu, je propose un moyen d'obtenir des épreuves directes, en pressant contre la gélatine du carton, du cuir, du papier, etc. J'expose, sous un cliché, une couche de gélatine, de couleur et de bichromate ; je mets, sous l'eau, ce côté insolé en contact avec une plaque métallique, et je presse le tout sous l'eau. Je lave à l'eau chaude, et je sèche. Soumise à la presse, au contact d'une feuille de carton ou autre, la plaque ainsi obtenue reproduit le dessin.

Ces quelques applications des singulières propriétés de la gélatine bichromatée ont été faites par des personnes étrangères à la typographie : combien d'autres combinaisons pourraient être trouvées si les imprimeurs apprenaient à utiliser ces phénomènes, qui se prêtent si facilement à la production des reliefs ?

CHAPITRE VIII

DISPOSITIONS COMMUNES AU BITUME ET A LA GÉLATINE.

Les reproductions peuvent être faites, par la lumière, sur pierre ou sur plaque, au moyen de la chambre noire, de l'épreuve sur papier et du cliché photographique.

La chambre noire exige des connaissances que ne possèdent pas les imprimeurs.

L'épreuve sur papier est le moyen le plus simple, mais avec lui ce sont les noirs qui sont dissous. Si l'on creuse directement, on aura une planche pour la taille-douce. Le relief exige l'argenture ou la dorure des parties découvertes. Si la plaque est en zinc, on peut cuivrer.

Avant de se servir d'une épreuve sur papier, il faut le nettoyer avec le plus grand soin; sans cela toutes les taches viendraient en relief sur la gravure et nécessiteraient un travail considérable pour les enlever avec le stub.

Nicéphore Niepce recommande de vernir la gravure du côté verso pour la rendre bien transparente. Niepce de Saint-Victor dit, au contraire, que le résultat est meilleur si on ne cire ni ne vernit l'épreuve, et qu'il faut seulement proportionner l'exposition à l'épaisseur du papier.

Le cliché photographique est le meilleur moyen de reproduction. Si l'on emploie un négatif, les blancs du dessin étant noirs sur le verre, ce sont les traits qui restent après le lavage des plaques ou des pierres, et l'on peut gilloter immédiatement. On est obligé quelquefois de retourner les gravures : pour cela, il faut demander au photographe un cliché retourné, qui s'obtient de plusieurs façons, mais dont la plus simple, me dit un excellent praticien, consiste à placer dans la chambre noire le verre à négatif autrement qu'on ne le fait habituellement, ce qui s'appelle *collodion arrière*. Les rayons lumineux, au lieu d'agir sur la surface des substances impressionnables, ont à traverser le verre pour produire leur effet.

Dans l'application des clichés photographiques et des gravures sur les couches de bitume et de gélatine, il est important d'avoir des surfaces parfaitement planes; sans cela, la lumière passerait entre le métal et l'épreuve, et nuirait à la pureté des traits.

Le plus grand avantage des clichés photographiques consiste à pouvoir agrandir ou diminuer à volonté toute espèce de texte ou de dessin.

On a le plus souvent à diminuer, et c'est presque toujours ce qu'il y a de plus avantageux pour l'effet. Il est très-peu de dessins qui ne gagnent considérablement par la réduction, qui leur fait perdre de leur sécheresse et gagner en moelleux. Il y a cependant une limite de réduction qu'il ne faut pas dépasser : c'est celle où les traits seraient tellement serrés, qu'ils se toucheraient et produiraient des empâtements. Mais, en général, tous les dessins peuvent être réduits au moins des deux tiers sans inconvénient. Cette amélioration, par les réductions, est utilisée dans une foule de cas, non pas seulement pour les reproductions, mais encore pour les nouvelles gravures originales. Ainsi, un artiste fait un dessin cinq ou six fois plus grand que la dimension indiquée; il emploie un travail très-large, qui le dispense des soins et du temps qui seraient nécessaires pour faire tenir le même sujet sur une surface beaucoup plus restreinte; puis il fait rapetisser par la photographie, et son œuvre prend, en se serrant, le fini du travail à la loupe, tout en gardant une hardiesse de traits qui ne se trouve pas dans les dessins exécutés en petit.

La mise en train de ces gravures serrées doit être aussi légère que possible; les noirs viennent sans avoir besoin de charges supplémentaires. Moins on fera de travail aux découpages, et plus il y aura de pureté à l'impression. Ce qui m'a le mieux réussi, c'est une forte carte découpée seulement dans les parties blanches et sur les bords, et avec beaucoup de biseaux; puis une mise de hauteur appropriée à la nature du dessin.

Pour mieux faire apprécier les résultats que la photogravure peut rendre dès à présent, j'ai demandé des reproductions de vieilles gravures aux artistes qui en font une spécialité.

MM. Yves et Barret m'ont donné une réduction du frontispice de l'œuvre de Philibert Delorme, tiré de l'*Art pour tous*, où il est de la grandeur d'une page in-4°.

M. Lefman m'a laissé choisir dans les gravures qu'il fait pour le commerce, et j'ai pris la reproduction d'une taille-douce extrêmement serrée de Wille, le célèbre graveur du commencement du dix-neuvième siècle.

La gravure originale à 0 mètre 26 de hauteur, et M. Lefman a pu la ramener aux dimensions d'une page in-8° sans produire d'empâtement.

Ces deux spécimens suffisont à indiquer aux imprimeurs et aux éditeurs combien sont inépuisables les sources d'illustrations véritablement artistiques que la photogravure met à leur disposition.

œuures
de
Philibert
de
l'Orme.
A PARIS,
Chez Regnavld Chavdiere,
.M.DC.XXVI.

SAPEUR DES GARDES SUISSE

A Monsieur le Baron de Jonrsanvault Chevau-Leger de la Garde du Roi.

A Paris Chez l'Auteur, Quai des Augustins. Par son Ami et très humble Serviteur, Wille

CHAPITRE IX

AVANTAGE D'UN DESSIN SPÉCIAL POUR TOUTES LES GRAVURES CHIMIQUES.

Deux gravures identiquement pareilles, l'une en relief, l'autre en creux, donnent des épreuves infiniment plus raides et plus sèches en typographie qu'en taille-douce.

Cette infériorité tient à plusieurs causes. L'une d'elles, et peut-être la plus grave, est celle-ci : les mats en reliefs prennent difficilement l'encre du rouleau, et les traits fins se chargent outre mesure. En taille-douce, c'est le contraire qui a lieu : les gris, à peine indiqués sur le cuivre, ne peuvent pas venir noirs, et les gros traits, profondément creusés, donnent à la feuille de papier des épaisseurs d'encre qui font relief.

La sécheresse que l'on a reprochée aux gravures chimiques ne tient qu'à cette cause : le métal n'y est pour rien. Si les belles gravures sur bois sont plus moelleuses que la généralité des gravures chimiques, cela tient aux différentes façons de faire les tailles. Les graveurs sur bois, qu'une longue expérience a éclairés, modifient le travail du dessinateur ; ils font les traits gras sensiblement trop larges, et ils donnent aux gris le plus qu'ils peuvent de finesse.

Le metteur en relief par les procédés chimiques ne peut pas intervenir pour grossir ou diminuer le travail de l'artiste : il se borne à reproduire mécaniquement le report de lithographie ou de taille-douce, la gravure sur vernis blanc, ou bien le cliché photographique.

Quelques dessinateurs ont compris qu'il fallait chercher dans la forme et la disposition des traits les moyens de diminuer la sécheresse qu'on reproche au métal. Presque tous ont dirigé leurs efforts uniquement vers la finesse des traits : les artistes aiment généralement le ton gris. Cette tendance a exigé des dessinateurs beaucoup plus de travail, et la sécheresse n'a pas été sensiblement diminuée. Ces gravures ressemblent à du foin éparpillé. Cependant, un des meilleurs artistes de notre époque, M. Bodmer, a produit de très-belles choses dans ce genre; mais il aurait pu, avec un autre système de travail, produire beaucoup plus d'effet en dépensant moins de temps.

M. Morin doit avoir le faire plus rapide par le genre qu'il a adopté : il exagère les noirs et les gris; il n'a presque pas de traits intermédiaires. Entre les mains de ce dessinateur, cette méthode donne des gravures brillantes, qui plaisent. Un autre ne serait probablement pas aussi heureux : les noirs et les gris ne sont pas fondus, ils se heurtent et font du tire-l'œil brutal.

M. Grevin se rapproche davantage de ce qui convient à la typographie : ses noirs n'occupent pas de larges surfaces faisant taches; ils sont formés par des traits gras, qui se relient, par des nuances intermédiaires, aux finesses exagérées des gris. Ses dessins n'ont d'autres défauts de métier que d'être un peu trop dépouillés.

Quatre dessinateurs ont bien compris la meilleure méthode du dessin pour la typographie. Ce sont : MM. Reiber, Kreutzberger, Dulos et Sauvageot. Certaines gravures dessinées par ces artistes sont infiniment plus moelleuses et plus brillantes que les plus belles gravures sur bois.

Il est impossible que ces exceptions ne deviennent pas la

règle : les gravures chimiques ne reproduisent pas seulement avec fidélité le travail du dessinateur ; elles lui permettent encore de le faire comme il lui plaît, ce qui est impossible avec la gravure sur bois.

Sur papier, sur pierre lithographique ou sur vernis blanc, on peut enchevêtrer les traits dans tous les sens, et la gravure sur bois a les plus grandes difficultés à croiser les tailles : le plus souvent elle n'a que des traits parallèles.

En dehors du talent de l'artiste, ce qui fait le principal mérite d'une gravure, ce sont les croisements multipliés des traits et leur dégradation insensible. Ces conditions, presque impossibles à réaliser avec le bois, s'obtiennent sans aucune espèce de difficulté par les gravures chimiques ; elles facilitent même les reliefs par les acides. Une gravure à traits serrés n'a presque pas besoin d'être creusée : à peine est-elle attaquée qu'on peut l'imprimer. Ce sont les dessins à grands blancs qui présentent le plus d'obstacles aux gravures chimiques. Ce qui est impossible pour l'un des systèmes est précisément ce qui s'obtient le plus facilement par l'autre.

Ces différents motifs peuvent faire supposer qu'on ne tardera pas à reconnaître que les gravures chimiques, si rapides et si économiques, peuvent être infiniment plus artistiques que les gravures sur bois, et qu'en les utilisant, on trouvera des éléments inépuisables de prospérité pour la typographie.

FIN.

Paris. — Imp. Viéville et Capiomont, rue des Poitevins, 6.

www.ingramcontent.com/pod-product-compliance
Ingram Content Group UK Ltd.
Pitfield, Milton Keynes, MK11 3LW, UK
UKHW020945180726
13838UKWH00003B/1140

9 782329 389196